构建理想的班级生态

温剑文 —— 著

大夏书系·全国中小学班主任培训用书

华东师范大学出版社

全国百佳图书出版单位

目 录

第二章 ┃ 如何把学生置于班级生态的中央 /43

本章从班级文化的构建、如何用活动促进班级焕发更多的活力以及如何激发班级与学生个体成长动力三个角度，阐述要"将学生放在班级教育活动的中央"，让班级生态与学生个体的成长得到尊重，并产生自主成长的蓬勃活力。

第三章 ▎学生成长生态中可整合的资源有哪些 /77

本章从学生成长中接触到的同学、家长、学校、社会、网络等在其成长环境中的各个"生态因子",阐述班主任如何从这些"生态环境"中寻找到有益的资源,开展有意义的活动,助力班主任工作,推动学生成长。

第四章 ▌ 如何让活动与课程为生态成长提供能量 /133

> 本章从课程框架和各类课程怎么开展等角度阐述开展班主任工作所需的课程体系。

自　序

　　大部分人在二三十岁时就死去了，因为过了这个年龄，他们只是自己的影子，此后的余生则是在模仿自己中度过，日复一日，更机械，更装腔作势地重复他们在有生之年的所作所为，所思所想，所爱所恨。

——罗曼·罗兰《约翰·克利斯朵夫》

　　我睁开眼，发现自己在一间四周透明的玻璃房子里。

　　我想揉揉自己的眼睛，却发现自己没有手。我想走向周围的墙，却迈不开脚步，原来我没有脚。

　　我是一条鱼，住在鱼缸里。

　　我看得到外面的世界，然而当我想要走入其中，却遥不可及。这让我感到恐惧。我开始使劲摇动我的鱼鳍，冲向周围的玻璃，换来的是一次又一次的疼痛。终于，我冲出水面，"啪"的一声，落在鱼缸外面硬邦邦的地面上。

　　我浑身很痛，但却很开心。

　　我想要站起来，竭尽全力的结果却是在水泥地上挣扎。我开始感到呼吸困难，一种窒息感越来越强烈。我想，也许我会死在这里吧。

　　我眼前一黑，一双大手抓住了我，耳边的风声告诉我自己正要被丢进鱼缸。一个声音在我耳边响起："这鱼儿，真调皮，就不好好待在鱼缸里。"

我又回到了鱼缸里。

……

这是我年少时常常做的梦。有时，我会死在鱼缸外面的世界，而有时会在挣扎之后，安静地、百般无奈地待在鱼缸里，但总是在最痛之时醒来。

我不想再絮絮叨叨自己生命成长的故事，某种意义上说，我是传统教育的受害者。我只能告诉你，我就是那条很调皮的鱼，生活在鱼缸里，尽管很多次挣脱出那个鱼缸，然而总会被许多只不同的手抓回鱼缸。

18岁师范毕业那年，我对要去做教师这件事感到更加恐惧，梦里开始出现这样的场景：讲台上的我，手持教鞭，一脸威严，台下是几十个战战兢兢的儿时的我。

我曾经是一条讨厌住在鱼缸里的鱼，然而却要成为那只把一条条鱼儿抓回鱼缸的手。所以，我甚至不属于罗曼·罗兰口中的"大部分人"，因为我"死"得更早——在我成长的苦旅中窒息沉睡，却在做教师、班主任的18年旅途中恢复了活力。

但在刚做教师、班主任的那两年，我一直诚惶诚恐。我还在沉睡中，也许会让别人跟我一样在本该活着的年纪窒息掉，且不知何时他们才能恢复本该有的活力。

这于我而言，很可怕。

这种恐惧一直持续了好几年，直到我开始思考这样一个问题：鱼儿不待在鱼缸里，还能去哪里？

后来，这种思考演变成这样的思考：

班主任工作仅仅是管理吗？

班主任除了管理班级、教育学生该做什么不该做什么外，还能做些什么？

教师除了让学生尽力学习、学会考试、拿到高分外，还能做些什么？

哪怕是让学生尽力学习、学会考试、拿到高分，有没有比使劲逼迫、疯狂灌输更好的法子？

教育除了让学生一步步成为我们想要的样子外，还能做些什么？当教育脱掉应试成绩这件外衣，我们还能给学生留下什么？

后来，我又开始思考这样一个问题：花儿是否就应该待在花盆里？这与"鱼儿是否就应该待在鱼缸里"一样有意思。

花盆是一个半人工、半自然的小生态。首先，它在空间上有很大的局限性；其次，由于人为地创造出非常适宜的环境，在一段时间内，作物和花卉可以长得很好，但一离开人的精心照料，就承受不了温度的变化，更经不起风吹雨打。

教育生态学认为，"花盆效应"在教育领域表现得尤为明显：在学校教育中，受封闭或半封闭教育体制的困扰，学生被整天关在教室里，与沸腾的现实生活脱节，再加上陈旧滞后的教学内容与教学方法，从书本到书本，形成封锁式小循环，其结果可想而知。

所以，我大体明白了：鱼儿哪怕是当下住在鱼缸里，也不能只是生活在鱼缸里，又或者说，想要培养有活力的学生，哪怕他当下在"鱼缸"里，我们也应该着力于让他有迎接未来汹涌波涛的能力。

这个世界没有什么生物是独立于整个生态系统的，鱼儿最终还是要遨游在池塘、江河、大海里。若仅仅思考怎么在那口鱼缸里养好那条鱼，还会有然后吗？

1976 年，美国哥伦比亚师范学院院长劳伦斯·克雷明（Lawrence Cremin）在《公共教育》（*Public Education*）一书中提出了教育生态学这一概念。他首次提出以生态的角度看教育，从个体生命成长的角度呼吁营造良好的教育氛围，使学生在合作、理解、宽容的环境中学习，享受和谐的精神生活。

与鱼一样，我们都是这个世界亿万万种生物中的一种，社会、家庭、学校等则是影响人的成长的不同生态系统中的一个个群落。每一个生命清澈至纯，在这个世界生长，点滴的变化都是这个世界的赐予。

我们来看看什么是生态系统：

生态系统是生态学中一个最重要的概念，如果用一个简单明了的公式概括，可表示为：生态系统＝非生物环境＋生物群落。

任何一个生态系统都具有以下共同特性：

1.是生态学上的一个结构和功能单位；

2.内部具有自调节、自组织、自更新能力；

3.具有能量流动、物质循环和信息传递三大功能；

4.营养级的数目有限；

5.是一个动态系统。①

除了生态系统中生物链所涉及的"生产者、消费者"的分类，我们不难发现：班级这个作为一部分生命体在其生命某个阶段生活的功能单位，竟然惊奇地具备生态系统的这些特性。如果我们把学生生活的整个系统看成大的生态系统，依然能发现其与生态学表述的特性惊人地符合，教育就成了生态系统里一部分生命影响另一个纯洁生命成长与改变的巨大能量。

非常感谢您能翻开这本书，作为作者，我首先想要跟大家强调以下几点。

1.本书旨在以班主任的角色从构建良性的学生成长生态的角度思考班主任工作的一些做法。

2.我是数学教师，对问题的思考是：虽不能提供您解决全部问题的方法，但可以一起寻求很多问题的共性解决办法；虽不能帮您解决所有的"数学问题"，但可以找到一些思考和解决问题的思路。

3.建议您审时度势，依据工作中的实际情况，以不超过班主任的工作边界为原则，毕竟，这是一份工作。

你们的同行者：温剑文

---

① 李振基等. 生态学 [M]. 北京：科学出版社，2014.

第一章

怎样构建一个充满活力的班级生态

————

首先，我们先要把这个"鱼缸"买回来，然后在"鱼缸"里营造出适合鱼儿遨游的世界。

与生态学有区别的是，班级生态系统是由人为因素组成的，但它依然具有非生物环境和生物群落两个组成部分。

班级的创建，就是这种人为生态系统的起源。

一个初创班级能否带给班级所有学生更多成长的可能，在我们接手一个新的班级时，就需要做出顶层设计。班级生态的活性因子，从班级成立的那天就开始产生了。

班级具有活力，内部每个生命的发展才能具有更多的可能性。

那么，班级生态怎样才更有活力呢？

很多时候，班级建设或班主任工作是从班主任管理的角度去实施的：我们是管理者，学生是被管理者，二者的定位本身就限制了更多发展的可能性。

但管理二字不能缺位，尤其是对低龄段班级的班主任来说。那么，我们要思考的是：管理也有"让学生在班级里有更多成长"的可能吗？

答案是肯定的。因为并没有规定班级管理一定是班主任的事，班级管理不能以学生的集体意愿实施；也没有规定班级管理就不能给学生自我成长的机会；更没有结论说以学生为主体的班级管理就一定不能成功。

我们可以有这样的思考：若能激发班级内部更多的人有参与班级管理的意愿，并且有实际的行动，在整个班级的良性生态影响下，学生的自主意识与班级荣誉感往往可能得到很好的发展。

所以，我们不妨从如下角度尝试构建一个具有更多可能性的班级生态。

1. 构建合理的班级自主管理机制，催生班级与学生自我生长的更多可能；

2. 变单一的管理为自治，提供给学生更多的自主管理空间；

3. 强调班级文化与班级规则的自主性生成，引导学生自主构建班级核心文化；

4. 正确引导和完善班级管理体系实施流程，形成有更多可能的班级自主管理文化。

第一节　什么是班级分组管理竞争机制

很多年前，我就开始思考这样一个问题：班级管理只是班主任的事情吗？又或者只是在班主任的"控制"下，由其培养的"亲信"按照其意愿做事情吗？

我们一起来思考以下三个问题：

1. 有没有可能让更多的学生参与到班级管理工作中来？

2. 有没有可能形成一种彼此促进和相互影响的班级管理结构，从而推动学生有更多的成长可能？

3. 有没有可能让整个班级管理体系具备更多的除简单的管理功用之外的教育效应？

这是一个长期思考和不断完善的过程。我最初的做法是：将班级所有学生分组，分区域就座；将学校规定要在期末进行的个人思想品德评估进行常态量化、跟踪性评价，以教师的意愿制定加扣分细则，并让各个分块管理的班干部将加扣分落实到组，以小组为单位，以月计总分，张榜公布；以教师的意愿确定相应的小奖惩，如分数低的小组集体给大家唱一首歌，分数高的小组享受免值日一天等。

大家可以看到以上做法存在如下元素：分组、捆绑式评价、竞争机制、合理且有趣的奖惩。

分组管理的目的是"化大为小"，分散管理的权限、难度，让更多的学生参与到管理中来；捆绑式评价，是适当保护潜能生的自尊心，构建班级大生态下的小组小生态；竞争机制只为激发以小组为单位的参与积极性，并方便给小组设定相应的发展目标；合理且有趣的奖惩在于让制度落地，也带有游戏化的意味。

这些元素在对小组竞争管理机制进行调整时予以保留。

我当时只是抱着试一试的心态去做的，但实施了几周以后，发现学生的积极性很高，有的组开始出现在某同学违纪时互相提醒的情况，卫生、纪律等班级管理指标也有所提高。这让我有了继续坚持的动力。

随着工作单位的变迁，接触到了不同的学校教育理念与文化差异，我的思考不断深入：

尝试激发学生更大积极性的可能；

尝试实现分组管理的科学化；

尝试建立更好的奖惩体系；

尝试让这个管理机制运作得更顺畅。

我试图建立一种能回答上面三个问题的班级基本管理框架，至少先把这个"有更多可能"的鱼缸准备好。

一、小组分组有学问

我的班级管理基本模式为分组管理，这不是什么稀奇事，很多教师在做这方面的尝试。在当下班级人数逐渐减少的情况下，这成为很多教师的必选项。

小组分组竞争管理模式中，合理地分组是成功的第一保障。什么是合理地分组呢？保证公正和公平是基本原则。假如分组不够公平，在竞争机制中，考评结果就难以被学生接受，他们失误时会过多地寻找客观因素而失去对自身原因的反省。更严重的是，不公平的分组会导致最终的量化考评结果丧失公平性，对学生的积极性，尤其是经常落后的小组的积极性造成严重的打击，让他们逐渐失去参与的热情。这样一来，我们的管理体系就会完全失去意义。

分组要注意以下几个事项。

（一）充分了解学生

要想让分组真正做到公正公平，对学生的了解是绝对不能少的。分组之前，班主任必须对学生的情况有所了解。我们在接手一个新班级时，不建议急着推行小组竞争管理模式，而应该利用一段时间来了解学生。我的做法是：常规型班干部竞选上岗之后的管理实习期为一个月左右。当然，必须明确告诉大家：这是班级试运营的过程。

首先，要充分调查学生的平时表现，对全班学生的情况进行分类整理，比如调皮型的、活跃型的、内向型的等。可通过与学生沟通和交流、仔细观察、能力问卷调查等方式来调研与分类，对学生的综合素质、能力进行考查评定。

表 1.1、表 1.2 供大家参考。

表 1.1   ××班级学生性格分类

性格类型	学生姓名	总体评价
和平型		
活泼型		
完美型		
强势型		
其他		

表 1.2   ××班级学生能力调查统计

能力类型	学生姓名	总体评价
学习能力		
口才		
艺体素质		
组织管理		
……		

当然，我们还可更加具体地对学生类型进行更多元的分类整理。分类越细致，对科学、合理分组越有借鉴意义，分组也会更趋向公平。

足够细致地了解学生，是分好组的前提。不同的性格类型，会导致学生在班级里有完全不同的表现，也会对学生所在小组的量化考评产生很大的影响。在量化考评机制中，我们会涉及大量班级活动参与的评价，学生综合素质的参差不齐，会直接影响他们的最终考评结果。

（二）精心分组

分组时，我们参考的主要依据有学习成绩、性格类型、综合素质等，要求人数基本相同，整体差异性不大。如若某个因素导致某小组存在不足，则争取用其他因素予以补强，这是个很重要的精细活。

每个小组需要有学习比较好的学生，所以分组时要考虑学生的成绩和潜力，做到基本公平。同时，也要考虑学生性格、综合能力等方面的因素。

一个小组考虑的元素越多，可能在未来带给学生的影响就越多，这等同于发挥"生物多样性"的作用。

这种分组方法综合考量了每组学生的各种基本情况，让各小组在量化考评的各方面都拥有基本相同的得分能力，基本保证了竞争的公平性。同时，每个小组中，学生的性格特征、成绩好坏、行为习惯差异等的多样性，也增强了小组的可塑性。

分组后，每个小组集中坐在某一区域，便于小组合作学习与活动的开展，也会与学科学习有更多的整合性效果。

（三）几点建议

1. 一个小组建议以 6～8 个人为佳，最好是偶数。人数过多，就失去了分组的意义。小组人数为偶数，在于进行常规的、面向黑板的两人同桌式课桌布局时，方便小组分区就座。若是围坐式布局，则更灵活、机动。

2. 小组尽可能不要每学期重新分组和大力度调整。良好的小组内部成长生态的构建是一个长期的过程，长期学习、生活、成长在一起的小组成员，可以达成某种默契。

3. 建议小组长选拔出来以后，提供组员"交易"的机会。当两个小组长均同意人员交换时，可允许组员"交易"并公示。但应特别注意维护公平交易和拥有最终决定权。这么做在于进一步保证公正公平，且由于是组长和组员民主决定"交易"，他们必须为自己的行为负责。

这种小组往往稳定三年，偶尔会实施"人才流动"：通过协商，让组与组之间交换小组成员。

一个基本固定的小组就是班级生态里的小群落，这个群落因为共同"利益"而生活在一起：班级所有学习、活动组织、评优评先都以小组为单位。小组成员之间也就有了更多的影响与帮助，最终形成稳定、有爱的小生态群落，为整个班级的自主管理提供更多助力，让每个成员在彼此的影响中有更多成长的可能。

二、管理体系须健全

所谓管理体系，是指整个管理系统的结构和组成方式，即采用什么样的组织形式以及如何将这些组织形式结合成为合理的有机系统，以怎样的手段、方法实现管理的任务和目的。

分组管理是将班级"化整为零"，分解班级管理框架，激发更多的学生积极参与到班级管理体系中来。因而，健全班级管理体系，需要构建一套能运作起来的自主管理体系，尤其是需要顶层设计与完善班干部岗位和其他班级自主管理岗位。

一般情况下，我的班级管理体系有两套：班级管理运作体系与小组分组管理体系。

（一）班级管理运作体系

我一般将班级管理事务归到四个部门：纪律部、学习部、综合服务部和财政部，以类似社区管理的模式来构建整个班级管理体系，班长和四个部长共同构成班委会（见图1.1）。

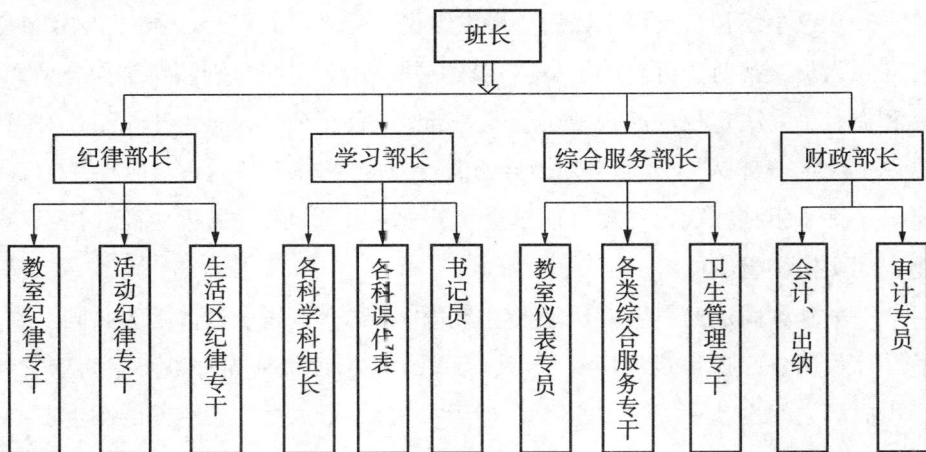

图 1.1　班级管理体系

由于页面宽度限制，这个框架呈现得并不完整，只是一个基本框架。

1. 班干部采取两种方式竞选。方式一：部长以上全员竞选制，即在班干部竞选时，对部长以上5个岗位竞选，并确定岗位。方式二：班长组阁制，即在班级竞选时只竞选班长岗位，部长岗位由班长组织竞选，其他同学报名参选，班长自主确定各部部长，再由各部部长根据全体同学的报名参选情况决定其成员。各类岗位的管理与考核交由各个部长负责。

2. 课代表不在岗位竞选之内，作业收发员由各组组内分工，争取组内每个成员均有"工作"。同时，根据班级管理需求，可以设置更多的岗位，甚至可以让全班学生自行发现班级管理中还没有人管的事务，让学生自行设计岗位并申请担任。教师只需将设置的岗位告知班长及各部部长，经他们同意后纳入相应的部门。

在我的班级管理过程中，由学生申报并申请担任的职务：粉笔管理员、谏言者（为班级管理提出有益的建议）、生病陪伴员（陪伴和照顾生病的同学）、课表书写员……

我们需要激发学生的参与热情，并以制度和奖励推动每个学生参与班级服务工作。

3. 各岗位职责。

班长：负责整个班级管理体系的运行，对四个部长的工作进行考核和评价，发现班级管理中的相关问题，并与对应部长沟通等。与传统意义上的班长职权相比较，其变化不是很大，但有变化的是：希望他能发现更多的问题，并就相关问题向对应的部长反映、沟通，寻求解决的办法。

纪律部长：负责对成员相关自主管理能力的考核、评价等，发现纪律相关问题并与对应管理专员一起解决问题。

学习部长：负责对全班同学学习状态的监督、推进、作业收发等情况的管理，与传统的学习委员职责差别不大，有区别的地方在于，他必须负责对自己管理的相关人员进行考核与评价。

财政部长：与成员一起负责对全班同学的量化考评，发放量化载体"班本货币"或"校本货币"（在后面的内容中详细陈述），考核、评价其成员的工作。

其他岗位：从字面上基本都能明白他们的工作范畴，这里不再累述。

整体框架为层层管理、由上至下有考核评价权。至于怎么具体考核，在后面的章节中，我会进行具体说明。

4. 岗位名称根据班级名字予以调整，争取形成以班级名字为核心的班干部名称文化。

以我带的青稞班为例，在与全体学生以民主商议的形式确定班级名称为"青稞农场"之后，我与他们一起对班干部职务的名称予以调整，如图 1.2 所示。

可以看到，与图 1.1 的框架相比，它有了一些变化。这个框架也不是完整的，各管理专干的名字为了契合班级名称，我也做了许多调整。

以综合服务部为例：

门窗水电负责人：专管教室门窗水电的按时关闭，命名为"大管家"或"保安"。

牛奶、水果发放员：专管上下午水果、牛奶的发放，命名为"奶爸"。

教室多媒体设备管理员：命名为"机器人"或"维修工"。

大场主

质检部长　培育部长　综合服务部长　财政部长

教室纪律专干　活动纪律专干　生活区纪律专干　各科学科组长　各科课代表　秘书　教室仪表专员　各类综合服务专干　卫生管理专干　会计、出纳　审计专员

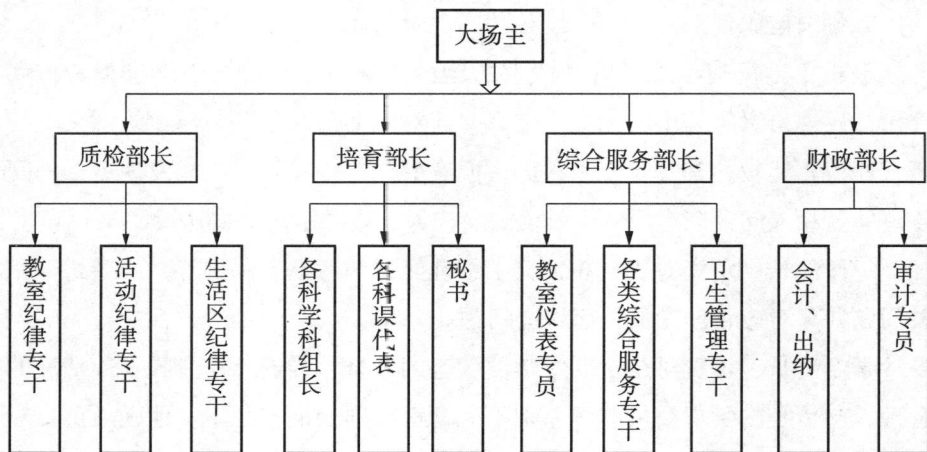

图 1.2 班干部名字调整

教室仪表专员：专门负责教室桌椅摆放、监督乱丢垃圾的情况等，命名为"场容监督"。

教室绿化植物管理员也有一个很好玩的名字："植物人"。

……

这项工作的关键在于设置足够多的岗位，让全体同学尽可能多地参与到班级管理中来。根据班级名称，可以衍生出许多有意思的班级自主管理岗位名称，使之成为特色班级文化的一部分。

当然，好玩的名字只是为了契合班级名称，形成一种整体文化，并以趣味性来激发学生更多的参与热情。

接下来，必须对以下三个岗位进行说明。

各科学科组长：负责本学科的学习辅导、作业收发、相关问题解答等，方便小组合作学习的开展。由于除语、数、外之外的学科作业任务少，一般设综合组长负责其他学科的学习辅导与作业收发。

秘书（书记员）：负责记录班级发生的大小事，以便毕业时形成一部《班史》，同时整理全体同学的相关文章，形成一本很有纪念意义的班级毕业册。

审计专员：我把他称为弹劾专员，负责监督班长和全体部长的工作，对

全班同学的"财务"进行审计，并可在班级发起对班长和四个部长的"弹劾"。一旦发起弹劾，由全班同学投票，如果通过，则该空缺岗位再次竞选或重新报名、审核、任命。

在这样的管理运作体系中，班长与部长共有5个人，纪律部长旗下专员三四个（寝室管理区由生活老师选举出相应的管理人员，可能产生更多的岗位），学习部长旗下各科的作业收发员、任课老师选出的课代表以及秘书约20个，综合服务部长旗下专员六七个，财政部长旗下三四个，此外还有班级管理体系运作过程中由学生自主申报的相关管理岗位若干。实际上，这些岗位的数量远远超过班级整体人数，所以最终的结果是：可能有部分同学身兼数职，有多份"工作"。

这样，"人人有事做，事事有人做"就不再是一句空话。每个岗位对于每个参与其中的学生来说，都体现了自我价值和能力，也让更多的人有了成长的可能。

（二）小组分组管理体系

小组必须有管理的核心人物，也就是小组长。他需要明确整个小组的运行、基本工作的分工等，以便推动小组良性生态的形成。

同时，我们必须有一个由班主任、班长统筹的分组管理结构。它的框架相对简单，各小组分组完毕之后，民主选举组长即可。

组长主要是对小组成员进行基本的管理工作，如纪律提醒、作业收发督促、与小组成员沟通、营造团结上进的小组文化等。同时，带领整个小组接受班级管理体系的评价，并适时组织小组成员开会，逐步解决小组内部存在的问题。

该岗位的更换由小组内部自行决定，民主投票确定，提交财政部登记即可。

岗位名称也可与班级名称契合，如对应青稞班的班级名称"大场主"，我们给它起的名字是"小场主"。可以说，它是班级良性成长生态建设的最重要的岗位。

这两个管理体系中，第一个体系负责整个班级的管理与考评，从某种意义上说，就像"国家机器"，通过设置足够多的岗位，让更多的学生参与班级自主管理。第二个体系类似群落管理，将班级化整为零，降低班主任工作的难度。

总体上说，二者互为补充，为竞争机制的运作与实施提供基础。同时，班级管理运作体系对小组管理进行量化考评。

第二节　怎样让管理机制正常运作起来

班级管理不应该是简单地由班主任恣意所为，也不应该是班干部的"一言堂"和随意性管理，建立一套可视的、流程清晰的管理与评价体系非常重要。

我们可以班级管理运作体系来量化考评各小组，形成竞争性的评价结果。因此，流程的清晰性，量化的可视性、公开性，是很重要的——你需要得到全体同学的认可，还要让每一个参与班级自主管理的人得到充分的锻炼。

一、量化制度民主产生

我们需要一个评价制度，以便对小组进行考核、评价。这个制度必须满足如下条件：可视化、可操作性、为全班同学认可。

（一）量化载体

"量化载体"，即在民主制定量化细则时，将全班同学的表现以数据化的方式呈现。

企业管理中考核的结果体现在工资上，对班主任来说，很多时候，给予学生的奖励是口头表扬和肯定，甚或是"优秀班干部"的奖状。这是利用学生表现的积极性来让更多的学生参与到班级管理中来。

这种方式已经不适合这个时代了。学生生活在一个并不缺乏肯定的环境中，简单的表扬与肯定已经无法让其有愉悦感和成就感。当下很多学生，参与班级自主管理的意愿非常弱。

同时，我们缺乏一种衡量全班同学的"数据"。当然，不管什么样的量化手段，都不是完全公平和公正的。但没有这个量化的结果，很多时候，学生表现的好坏，并没有明确的标准。

所以，我们需要一个载体，这既是量化评价的需要，也是让量化结果可视化，为进一步的可操作提供可能。

最早的时候，我一般在期末常态打分过程中量化"思想品德评估分数"，之后对该分数进行整理统计得出评价结论，这起码解决了不靠班主任个人意愿来评价学生的问题。

后来，我完全用"表现评分"来代替。再后来，我参考很多老师采用的班本货币方式，以班本货币代替表现评分，并赋予其很多实用的方式，从而让学生有更多参与的积极性。

我现在工作的学校，有由学校统一组织学生民主参与、投标设计的校本货币，量化数据完全可以由校本货币来代替。

其实，分数也好，货币化量化也罢，其目的都是考评各小组和每个学生的日常表现。货币化量化的好处在于：大胆地给参与自主管理的全体人员发"工资"，形成更好的激趣效应。

（二）量化焦点

我们需要考评量化学生的表现情况，既要对学生在校的表现进行评价考核，又需要给予全体同学参与班级管理的理由。

所以，我的量化焦点体现在如下两个方面。

1. 工资量化制度。

对全体参与班级管理的同学发工资。

在前面一节中，我已经提到要争取让每个同学都参与到班级自主管理中来，也要让几乎所有的同学都有岗位。这个激励怎么产生呢？就是利用这个工资量化制度：同学做事，不再是白做的，而是有工资的。

表 1.3 是我截取的青稞班一个小组工资表中的部分。

表 1.3　理想学堂青稞班第 × 周自主管理周工资发放明细

组别	项目	工资部分								
	姓名	岗位一	周薪	岗位二	月薪	岗位三	周薪	岗位四	周薪	合计	总计
1	陈妍	质检部长	700							700	
	求若杰	语文课代表	300	语文组长	200					500	
	区泳棋	综合组长	200							200	
	杨斯雅	培育部长	700	小场主	600					1300	
	应少涵	会计	400	数学组长	300					700	
	周子扬	英语组长	200	信息课代表	300					500	

各种数据构成这个表格：岗位不同，承担的工作职责不同，工资也有一定的区别。同学主动申请岗位，班委会各部负责人批准通过，最终由财务部核定表格，以周薪制的方式计算工资，以校本货币"理想币"的形式发放。

这些岗位是各部长根据管辖的工作范围自行设定，并由学生自行申报的产物。个别同学身兼数职，全班也会有个别同学没有"工作"，这些同学最终都需要我们努力争取或特别为其量身打造一份"工作"。

那么，班委会成员如何管理各个专员呢？工作做好做坏是否一个样呢？

不是的，我们有专门的工资考核制度。

我们将每个岗位的工作考评结果分为三个等级：A 级为优秀，在原有工资基础上有一定的奖励调整；B 级为良好，发放全部工资；C 级为有待合格，在原有工资基础上有一定的扣除。

岗位设置具体，考核简单。比如"奶爸"，不能及时发放牛奶、水果；又如"植物人"，教室区域植物养护不到位；再如"保安"，不能按时开关门窗等，均视为不及格，扣除一定比例的工资。多次出现不及格的情况，由部门负责或予以更换，重新放出岗位，由全体同学报名竞争上岗。

主体考核每月进行一次，各个部长每周须对所属"员工"进行工资级别评定，并在班务公开栏中公示。四个部长的工资等级由班长考核，班长的工资等级由班主任和审计专员考核。

以上考核结果均须在班务公开栏中公示。考核评定结果作为月工资发放的等级依据。表 1.4 为一个小组工资发放情况：

表 1.4　理想学堂青稞农场第 × 周工资考核明细

项目	姓名	岗位一	周薪	岗位二	周薪	岗位三	周薪	合计	考核合计
1	陈妍	质检部长	900					900	900
	求若杰	语文课代表	200	语文组长	200			400	400
	区泳棋	综合组长	200					200	200
	杨斯雅	培育部长	700	小场主	600			1300	1300
	应少涵	会计	400	数学组长	300			700	700
	周子扬	英语组长	200	信息课代表	300			500	500

对照两个表格就会发现，最终的考核结果与其固定工资有一些区别，这是各部长考核后的结果。我们将岗位工资表发给各个部长，他们对相应的管理人员进行工资等级评价，最终汇总到班长处，形成这个考核结果。

之所以设计周薪，而不是月薪，主要是考虑到如果工作岗位有调整，就可以在月薪一栏中根据岗位变化计算出每个同学的真实工资。

不过，工资考核只是小组竞争机制中量化考核的一部分。

2. 量化评价制度。

如果只是考核全体同学的自主管理表现，他们只会关注"我的管理工作做得怎么样"这个问题，而不去关注自身的学习、成长、活动参与等其他表现了。所以，还必须建立起一套用于评价全体同学在班级生态中成长表现的制度。

首先，放权给各部长，由他们组织相关自主管理专干逐项对工作进行研究，然后制定量化细则，形成量化标准。

制度形成靠民主，制度执行靠民主，制度空白靠民主，特殊情况靠民主。

基本流程为：班委会会议明确管理职责—部长提交量化评价制度—公示并让全班同学举手表决—全班同学签名通过—文案修改—具体实施并修改、调整。

在这个流程中，文案修改是让文案具有更大的被接受度，而公示与表决在于吸纳更多学生的参与，激发全体学生遵循规则的自我意识。制度的修改、调整在于让其趋于完善。

以下是我带过的某个班级的班级量化考评细则：

××班小组竞争评价体系量化考评细则

总　则

1. 为了规范班级管理，量化小组评价，本着公正、公平的原则，特制定本细则。

2. 评价细则之基本思想为让每一个同学准确找到自己的定位，不断进步，改正不良习惯，为小组的成长做出自己的贡献。

3. 友谊第一、比赛第二。

量化细则

纪律部（纪律部长负责）

一、管理纪律（教室纪律专干负责）

（一）加分细则

能及时举报重大违纪、避免重大事故发生者每人次加 3～5 分。

（二）扣分细则

1. 上课迟到、早退者每人次扣 1 分，无故旷课者每人次扣 3 分；

2. 上课、自习课违纪者每人次扣 1～2 分，无原则顶撞班干部和老师扣 2～3 分；

3. 内部同学不团结、无原则争吵、打架每人次扣 2～5 分；

4. 翻围墙上网、外出不按时返校、与别的班级无原则打架斗殴者每人次扣 5～10 分；

5. 其他重大违纪每人次扣 5 分，能主动承认错误者减半扣分。

二、生活常规与寝室（生活专干负责，寝室长登记上报）

（一）加分细则

1. 每日寝室卫生与纪律评比获得优秀者，寝室成员每人次加 1 分，加到组；

2. 被评为月文明卫生寝室者，每人次 5 分，加分到组；

3. 每日值日小组管理时就餐纪律良好、无插队、桌面无残留饭菜等每次 2 分，加分到组。

（二）扣分细则

1. 每日寝室卫生与纪律评比被评为不合格者，寝室成员每人次 1 分，扣分到组；

2. 每日值日小组管理时就餐纪律不好、桌位卫生状况不合格等每次 2 分，扣分到组；

3. 寝室卫生值日未按时完成或完成不合格者每人次扣 1 分；

4. 就餐时有浪费粮食等不文明现象者每人次扣 1 分；

5. 下晚自习后如无特殊情况未按时回到寝室者每人次扣 1 分；

6. 就寝时大声吵闹、个人卫生状况不好、寝室内务整体不合格等每人次扣 1 分。

学习部（学习部长负责）

一、文化学习部分（课代表、学科组长负责）

（一）加分细则

1. 作业、默写、背诵等学习任务完成优秀者每人次加 2 分；

2. 期中被评为"学习标兵"者每人次加 3 分；

3. 每次考试结束后都会有一次单独的学习成绩小组评比，具体操作办法是：以每个同学的本次考试总分减去上一次总分之差的小组全体成员总得分作为评价标准。排名在前三的小组，每位同学分别获得 5、4、3 分。

（二）扣分细则

1. 作业未完成、默写与背诵等任务未按时完成者每人次扣 1 分，缺交者每人次扣 2 分；

2. 作业马虎或被老师点名批评者每人次扣 1 分。

二、体锻部分（体锻专干负责）

（一）加分细则

1. 积极参加晨跑且长期坚持者酌情加分；

2. 课间操、眼保健操能认真完成者酌情加分。

（二）扣分细则

1. 连续两次不参与晨跑者每人次扣 1 分；

2. 课间操、眼保健操不认真完成者每人次扣 1 分；

3. 体育课无故请假、缺席者每人次扣 1 分。

综合服务部（综合服务部长负责）

一、文明行为（文明专干负责）

（一）加分细则

1. 关心同学，能帮助同学解决生活上的难题者，每人次加 1 分；

2.关心集体，热心为班级做出贡献，如主动拾取地上的垃圾、主动打扫不干净的地面、主动在下课后同学离开教室时断水断电等，每人次加1分；

3.做好人好事、拾金不昧者视情况加1～2分。

（二）扣分细则

1.未按规定穿着校服、仪容仪表不符合学校规范者每人次扣1分；责令整改后没有整改的每人次扣5分；

2.说话不文明、讲粗痞话、给同学取不友善的"外号"者每人次扣1分；

3.打饭、外出活动时不排队或插队，影响集体形象者每人次扣1分；

4.乱丢乱扔、破坏环境卫生等每人次扣2分；

5.下课过分追赶打闹、破坏公共财产等每人次扣1～2分；

6.看不合规定的课外书、玩手机、电子产品等每人次扣1分；

7.小组课桌摆放不整齐、凌乱每次扣1分。

二、卫生与服务（卫生专干、教室仪容专干负责）

（一）加分细则

1.分小组承担每日卫生任务，由卫生专干负责评估，定为一、二、三等，分别给每个小组的每位同学加3、2、1分；

2.主动发现卫生问题并及时打扫、处理者每人次加1分；

3.不定期检查课桌的书籍整理情况，被定为优秀者的每人次加1分；

4.不定期检查座位下的卫生状况，被定为优秀者的每人次加1分。

（二）扣分细则

1.小组承担的卫生值日任务未按时完成则扣小组每人2分，打扫不干净扣1分，卫生工具摆放不整齐扣1分；

2.不定期检查课桌的书籍整体情况，不合格者每人次扣1分；

3.不定期检查座位下的卫生状况，不合格者每人次扣1分。

三、活动与志愿者（常务专干负责）

1.积极参加学校组织的各项活动，如朗诵比赛、运动会、篮球赛、作文大赛、文艺汇演等，获得一、二、三等奖者分别加5、4、3分；

2.积极参与学校以及班级所需的志愿者活动，每人次加1～2分；

3. 小组承担黑板报任务，被评为一、二、三等奖者，小组成员每人分别加 5、4、3 分；

4. 小组承担班会课设计与主持，组织合理、效果良好者由班主任或参与的任课教师评定，酌情加 3～5 分；

5. 班级活动、班级临时性事务等均以小组为单位负责承担，以奖励小组成员每人 3～5 分或更多的方式张贴出征集告示，由小组成员共同商议报名承担，顺利完成后获得相应的奖励，根据完成情况评估，有 1～2 分的奖惩。

说明：

1. 遇有本细则未涉及之情况，由班委会集体商议酌情给予加扣分；

2. 本细则始终为待修正版本，有提出合理化意见者每人次加 2 分；

3. 本细则最终解释权归班委会和班主任所有。

××班班委会

关于小组竞争管理量化评价规则，必须强调以下几点。

1. 制度本身就是班级精神凝聚和班级价值观的形成过程，是在全体成员心中构建起一个属于班级的价值观念，所以，民主商议的原则不能动摇。

2. 制定什么样的细则，在哪些方面制定具体的细则，其实就是逐步将班主任的带班理念渗透其中。后期落实规则的过程，就是把班主任的带班理念以某种规则的方式兑现。因此，在规则制定中，班主任不能缺位，应以提醒、修改或与学生探讨的方式来引导。

3. 在这个细则中，我们能看到既有个体评价，也有捆绑式评价，二者结合，有利于为全体同学提供更多的成长动力。因为个体评价功能单一，难以让班级生态形成互动影响的效应，不能最大化地利用班级资源。

4. 这个制度并不是最后的完善版本，之所以没有将较为完善的版本完全呈现，是因为我不想让大家照搬这个制度，因为制度本身需要一步步完善，必须在班级内部逐步建立起来。没有学生民主、自主意识参与的班级制度，最终会失去生命力，而有生命力的制度本身就是不断完善的过程。

制度被正式宣布和实施的时候，我们必须认真、严肃地以仪式感的方式让学生对这份细则产生强烈的认可。我采取的方式是：全体同学一起在这份细则上签字，并庄重宣布从本日起，它具备与班级"法律"的同等地位。

这个考评制度是以积分为载体的，我们只须在计算总考评结果时将每一个积分转化为 100 元或其他数额的班本或校本货币，直接纳入总的量化考评结果中去。

每个班委会分部部长手中，都有如下一份表格（见表 1.5）。

表 1.5　理想学堂青稞班部周账单

组别	姓名	星期五		星期六		星期一		星期二		星期三		星期四		合计
---	---	加分	扣分	加分	扣分	加分	扣分	加分	扣分	加分	扣分	加分	扣分	
1	陈妍													
	求若杰													
	区泳棋													
	杨斯雅													
	应少涵													
	周子扬													

这个表格在每个部长每日根据《小组竞争评价体系量化考评细则》进行部门评价时登记用，且每日须出示一张"今日××部门评价公示单"，张贴到班务公开栏中。

由于学校实行住宿制，周六有三节课，周日晚上返校，所以表中设置星期六的栏目。本栏目指向星期六三节课和星期天晚自习的量化评价。

"合计"一栏作为本部门对每个同学一周情况的考评结果，三个部门的部长将结果在星期四晚上（星期五作为计算、公示等的结算日）交到财务部长手中。

然后，我们还需要一个这样的表格（见表 1.6）。

表 1.6　理想学堂青稞班自主管理量化评价周账单

组别	姓名	学习部	综合服务部	纪检部	家校共建作业	其他	合计
1	陈妍						
	求若杰						
	区泳棋						
	杨斯雅						
	应少涵						
	周子扬						

对全体自主管理参与者进行的班级量化评价结果计算出总值，利用这个表格将整个班级的量化评价结果予以整合，从而得到各部门负责人量化评价的整合性结果。

对于家校共建作业一栏，在后面的章节中会重点阐述，也是本书的一个重要章节。

在这个制度中，既有基于个体的评价，也有捆绑式评价。个体评价有益于激发个体的优秀表现，而捆绑式评价有助于保护潜能生的自尊心，也有益于小组良性成长生态的构建。至于如何解决小组有可能被个别同学拖累的问题，在后面的章节中会予以详细叙述。

在这个制度中，既有教师引导的部分，也有不断调整的部分。所以，每带一个班级，量化考评细则均不相同。以最近带的青稞班为例，这个制度中就没有学习部，因为我整合了任课教师的力量，构建起一套新的学习内容的考评体系：学科学习考评制度。

具体操作为：每个学科的学习状况以学科教师为中心建立学科学习量化考评制度。以数学为例，我制定了如下的学科量化评价制度。

青稞班数学学科量化评价制度

一、课堂表现部分

每节课以小组为单位进行小组学习积分评价制度，在展示、问题回答、思维拓展等环节表现突出的同学加 1～2 分的小组积分。下课时，积分总和领先的两个小组成员分别加 2 分和 1 分的班级量化考评积分（可兑换成班本货币或校本货币）。

二、作业部分

1. 作业评价分为 A、B、C 三等，获得 A 等的，每次可获得 1 分班级量化考评积分。

2. 作业未按时上交的每次扣除 1 分，经提醒后仍不上交的扣 2 分。

三、考试成绩

1. 考试评价以奖励进步和奖励优秀为核心，每次考试成绩进步明显的同学加 3～5 分，成绩优秀的同学加 2～3 分。

2. 在相关数学活动中对获得的奖励按等级分别加 5、4、3 分。

以上结果每周一计，由课代表统计并提交给数学老师。

每位学科教师均有这样的一个学科学习量化评价制度。基于学科学习中的课堂表现、作业完成、分类任务、考试成绩等进行整合，从而形成一整套学科学习量化评价制度，以学科课代表与任课教师协同完成量化评价的方式，得到学科量化评价结果。

这两个量化评价体系如下。

1. 工资量化制度：通过对全体参与班级自主管理的同学发放班本或校本货币的方式激发学生参与的积极性，通过考核工资等级来督促和推动全体同学积极学习。同时，以分层的方式化解考核难度，以分部门考核的方式来具体实施。

2. 班级量化评价制度：通过民主构建的方式，让学生参与到制度的制定过程中来，让制度具有可视化、可操作性，也具有可生长性（即可逐步完善调整）；通过整合任课教师的力量，构建起有利于班级学科学习的学科量化制度；通过分部门责任到人的方式具体操作，形成量化评价结果。

量化考评结果包括工资量化结果、各部门负责人量化评价的整合性结果、学科量化评价结果。这些结果以一定的方式整合成一份最终的量化考评结果，从而对小组与个人进行整合性评价。

二、量化流程职责分明

班级管理体系包括如下量化考评结果，如工资量化结果、各部门负责人量化评价结果、学科量化评价结果。那么，怎么将这些结果以可视化、可操作的方式整合成最终的量化结果呢?

我们需要像企业财务制度一样整合清晰流程，构建职责分明、轻松运营的管理体系（见表 1.7、表 1.8）。

表 1.7　理想学堂青稞班学生第 5 周财富值榜

组别	姓名	自主管理	语文	数学	英语	道法	历史	生物	地理	体育	音乐	美术	信息	工资	合计
1	陈妍	−200	700	400	500	300	300	200	200	600	200	600	200	850	4850
	求若杰	−300	400	100	−200	200	100	100	300	600	200	700	200	650	3050
	区泳棋	−400	300	500	100	200	200	200	200	700	200	600	200	200	3200
	杨斯雅	−400	600	100	300	200	300	300	200	100	200	600	200	1200	3900
	应少涵	−500	700	0	300	200	200	300	200	200	200	600	−200	700	2700
	周子扬	−800	400	300	0	200	100	100	200	500	200	600	−200	500	2100

表 1.8　理想学堂青稞班小组竞争统计账单

周次		第__周			第__周			第__周		
组别	姓名	财富值	总计	排名	财富值	总计	排名	财富值	总计	排名
1	陈妍									
	求若杰									
	区泳棋									

组别	姓名	财富值	总计	排名	财富值	总计	排名	财富值	总计	排名
1	杨斯雅									
	应少涵									
	周子扬									

整个运作流程如下。

1.各部长统筹本部门相关管理人员量化评价全体同学每日表现，并记入"分部周账单"，公示每日加扣分情况，以周为单位计算每位同学的评价结果，上交财务部。由会计计算出"自主管理量化评价周账单"，制成电子表格上交班主任。

2.各部长负责对部门成员自主管理工作进行等级考核与量化评价，在班长处汇总成"工资考核明细"，制成电子表格上交班主任。

3.各学科教师在课代表与学科组长的配合下，按照学科量化评价制度形成学科量化评价结果，以电子表格的形式上交班主任。

对于第一份表格，班主任要将上交的全部表格以复制、粘贴的方式计算出最终的量化结果。其中，历史教师由于本周课务被其他事务影响了，没有计算财富值。

在整合任课教师的工作时，特别提到一点：根据学科课务多少，量化评价数据时，要注意有所区别。所以，语文、数学、外语三个科目稍微多一些，而美术学科数值很大，是因为本周参加了学校组织的美术作品展览，该小组的作品获得了较高的评价。

有没有一种大公司总裁给员工发工资的感觉？其实，要做的并不复杂：只要流程清晰，经过培训和两周左右的尝试，我们就可以在20分钟之内（最多）完成这两个表格的制作，从而形成周评价结果。

周评价结果，每周要在班务公开栏中公示，让全体同学看到这一数据。以周为单位计算每个小组班本货币或校本货币的总值，得出周小组量化评价的得分与排名。当然，也可以归为单位进行统筹计算。

清晰的管理流程让每个参与班级自主管理的同学职责分明。经过培训和一段时间的实施，班级管理体系就运作起来了。

第三节　怎样以小组建设推动良性班级生态的成长

一个"鱼缸"的基本生态构建起来后，不一定能被"每条鱼"接受，生态与生物之间的良性共存从来都不是轻而易举的事情。彼此的接纳和互惠，需要不断维护和调整。

经过小组竞争模式管理框架和评价制度的建设，班级管理基本运行起来，而且是以不一样的模式在运作。但是，在这个框架下，学生会全员参与、积极参加、乐观向上吗？这样的管理框架和评价制度不存在问题吗？班级能否平安无事地运作起来呢？答案是否定的。

班级会存在许多问题，教师要做的是按部就班地推动整个体系前进，分阶段地逐步解决问题，并让学生在这个体系中得到更多的成长可能性。这正说明班主任工作与班级良性成长生态建设是长期的过程。

教育也好，班级建设也罢，始终都是一种慢的艺术。

一、必须有"糖果"

小组竞争管理模式中，分组是架构，竞争是核心。一个生态群落里若无竞争，也就失去了活力。

竞争的意义何在呢？首要的作用在于唤起动机。

个体需要多种多样。处于竞争条件下，人们的自尊和自我实现需要更为强烈，将会对竞赛活动产生更加浓厚的兴趣，克服困难的意志也会更坚定，争取成功的信念更加强烈。

小组之间存在竞争关系，能够激发小组内部的合作，刺激每个学生参与小组集体活动的热情。

其次的意义在于让学生全情投入。

竞争时，人们由于处于一种应激状态，会产生强烈的情绪体验，刺激肾上腺体分泌激素，血糖升高，使全身肌肉产生一种紧张感，各器官和组织也被动员起来。这种紧张感对参加体育及其他项目的竞赛都是有益的。

就班级生态而言，这种情绪同样具有重要的意义，最重要的在于让彼此得到成长。

通过与他人的竞争，个体对自己的特点和能力有了进一步的认识，能比较客观地评价自己，扬长补短，精益求精。即使遇到失败，遭到挫折，也能寻找原因，以"东山再起"。

在班级管理中，小组与小组之间的关系需要我们引向良性的竞争，以便激发学生更多的成长可能。

倘若竞争失去胜利之后可获得的"糖果"，它就失去了激发这些良性关系的诱因，在学生的新奇感慢慢失去之后，变成"鸡肋"——食之无味，弃之可惜。

所以，我们必须给这种竞争模式设置足够多、有诱惑力的"糖果"——以某种方式让"胜利者"得到奖励，让"失败者"得到"惩罚"。

（一）小组基本奖惩

每周评选优胜小组（由小组总财富值计算得到结果）、进步小组（进步名次最多的小组）各一个，全体组长推荐一名表现最佳的"学习标兵"和一名"进步之星"（上周被评过的同学不具备第二周的参评资格），给以上评优的小组和同学拍照，并张贴到班级小组评价事务栏。事务栏内有 4 个纸夹，将保留一个学期的评优照片；座次每周调整一次，先由第一名的小组随意挑选，一直到最后一名（后期我们又发展出其他的更有意思的奖励机制），课桌前后顺序由小组根据需要自由排定；星期一的班会课，排名最后的小组必须到讲台前向全班同学敬礼并集体合唱一首歌；获得第一名的小组可免本周卫生值日，最后一名的小组则必须负责星期六、星期天的卫生……

这些带有趣味性的奖惩制度，往往能带给学生更多的刺激。

（二）小组进阶性奖惩

在我担任班主任的两届班级，开始推行另一种隐性的奖惩机制：课桌排位拍卖制（每月一次或半月一次）。

基于班级学生数，我常常将学生分为 6 ~ 7 个组，并把整个教室分成对应的 6 ~ 7 个区域，根据各区域的"地势位置"，标注不同的"起拍价"，如图 1.3 所示。

	讲台	
西部新区 （起拍价 500）	市政府 （起拍价 1000）	东部新区 （起拍价 500）
市西郊 （起拍价 300）	人民公园 （起拍价 1000）	市东郊 （起拍价 300）
	安置小区	

图 1.3　课桌排位拍卖

此分布图完全可以根据小组的数量进行调整。

操作方式也很简单：图中起拍价为每个学生需要出价的班本或校本货币，小组内共同商议出价，模仿现实社会中的拍卖过程。

在平时的学习中，每个学生通过班级自主管理工作获得"财富"，也可在学科学习或各类活动中获得"财富"。对小组来说，这也是一种可竞争的糖果。

那么，这样的拍卖可能会发生些什么呢（见表 1.9）？

表 1.9　拍卖过程

情景	心理活动	成长的可能性
出价不积极	舍不得用钱	理财与节约
出价太积极	获胜心太强，导致后期"资金不足"	反思行为刺激更努力地获得"财富"
个体成员"财富"不足	组内"轻松筹"	组内关系的融洽、个别同学的反思
拍卖到好位置	成就感（但付出了代价）	付出就有回报，下一阶段继续努力
被分配到"安置区"	很不"爽"（但没有损失"财富"，下一次拍卖有更足够的资本）	团结合作，赢取更多的财富，为下一次的获胜做准备
两个小组抢一个位置，拼到"弹尽粮绝"	针对我们组，"这个梁子算是结下了"	被引导后，两个小组"良性竞争"
……	……	……

一个活动，带来的是无数个成长的可能。

有的老师会问：这种方式有没有可能导致某个小组一直被安置呢？答案是否定的。每次拍卖都是各个小组财富总值的一次洗牌，拍卖到好位置的小组往往会付出不菲的代价，其他小组也就储备了足够的资本，在下一次的拍卖中抢占更好的位置。

我们还可以在拍卖结束之后，让各小组派代表总结每次拍卖过程中的得失，也许你会有意想不到的收获哦。

（三）个体性奖励

若这种"财富值"的积累总是以这种平均化的方式被消耗，对于在财富榜上遥遥领先的学生来说（事实上，这些人往往是班级中表现最为优秀的学生），奖励就慢慢失去了意义。

所以，必须让优秀的个体得到更多的"糖果"：

1. 班级集体活动需要"门票"。如亲子美食汇、春游、圣诞晚会等，必须"花钱"买票。

2. 假期结束前，根据全体学生的剩余"资产"设置如下"明码标价"的商品：有意义的书籍、班主任手写明信片、作业免做券（最多兑换 2 张，每张免做一科假期作业，标价较高）、家委会赞助的奖品（挑选对学生有诱惑力的商品）、我的个人民谣"音乐会"入场券（标价最高，属于自我嘚瑟型奖品）。

3. 与家委会及全体家长达成协议：一定的财富值可获得一次亲子旅游的机会或一定的零花钱。

……

大家可脑洞大开，给学生"花钱"找出足够的理由，但前提是：这些商品有助于亲子沟通、师生关系构建或学生成长。

越努力越幸福，这是一个体验和收获这种幸福的过程。

二、必须有"呵护"

作为班主任，我们绝不能奢望一种或几种所谓的技巧和方法就能让我们的工作轻松。班主任的工作就是问题叠着问题、日子叠着日子。班主任工作之所以复杂，是因为每日每时每刻，我们的班级和孩子们都在成长，这种成长或朝向好的方面，有时也会呈现我们不想要的结果。

正如俞国良所说："（竞争）给我们带来了基于小组生态群落之下的班级生态的活力，竞争也会催生很不利于班级的宗派主义情绪的滋长，不利于建立群体之间的良好关系。"[①]

所以，班主任要小心"呵护"，班级整体生态才能处于一种活力四射又平和成长的良性状态。

---

① 俞国良. 社会心理学 [M]. 北京：北京师范大学出版社，2006.

（一）启动阶段

班级初创阶段，我带的班级都是七年级，由于小组分组模式有竞争的气氛，一开始学生群情激奋，很感兴趣，地上垃圾争着捡，好人好事争着做，天天有人打小报告。我每天都在处理这些"鸡毛蒜皮"的事，每天要做大量的"接待"和解释工作。

班干部工作也不轻松，学生对班委会的"不公平"评价有比较大的意见，班委会成员经验也不足，没有区别、分辨和"酌情加扣分"的能力，矛盾不断。有对班干部怀疑的，也有对扣分较多的组内成员指责的，甚至还有个别担任班级自主管理工作的同学出于私心，在自己负责的项目打压别的小组或者提高自己小组的得分。

这个阶段可以说是非常痛苦的。于是，我召开了一次主题班会——构建小组竞争机制到底为了什么？会上，让全体同学一起讨论小组竞争机制构建的目的，提供以下两个议题。

1. 小组竞争机制的最终目的是什么？

2. 小组竞争机制存在哪些问题？

最终引导得出：构建班级小组竞争机制，是为了让整个班级变得更加优秀，而不是为了竞争而竞争，强调"友谊第一、比赛第二"。

这个时期，我做得最多的事情就是对班干部进行培训，通过召开各部门工作会议和各小组组长例会，交流班级管理中出现的问题，并利用典型案例增强他们解决问题的能力，强化他们的服务意识，提高责任感，同时告诉他们在不知道怎么处理某些问题时一定要及时询问老师。

培训，主要是为了提高组长的公正、公平意识和民主意识，这是竞争机制顺利运行的保障。

（二）磨合阶段

虽然同学们不再纠结于公不公平的问题，但是新的问题还会产生。

每个小组都会有一些"刺儿头"，他们很少能为小组做贡献，甚至还会让小组扣掉大量的分数。这会严重挫伤组内其他同学的积极性，用他们的话说："我们努力一天，他一件事就把全部的分数扣完了。"于是，就出现了"我们不要这个同学，少一个人都行""随便换一个，就算某某某也行"等情况。小组内部开始有了矛盾。这些问题直接关系到小组竞争机制的成败。

"板蓝根小组"里经常存在不和谐的声音：严格要求的组长与放任自由的某组员经常争吵，争吵的原因是该组员总是不能及时完成作业，影响了该小组的评价，组长会团结组内其他成员一起管理该组员，甚至会发生排斥性的事情。

我的处理方式是：做一个旁观者和正确方向的引导者。

我们很害怕发生不可控的事情，而事实是，这些看似不可控的事情往往是孩子们成长的契机。我们应该意识到的一个问题是：当一个小组变得优秀了，这种针对性的情绪和对个体的排斥就会消失，所以，逐步推动每个落后的小组走向优秀，形成班级各小组"你方唱罢我登场"的局面，是化解组内矛盾与冲突的最好办法。

分小组会议成为解决问题的主要策略，首先要引导组内成员分析小组的落后情况：哪些方面加的分多，哪些方面加的分少，哪些方面扣的分多，哪些方面扣的分少，形成表格，并将每个组的总财富值列出来，让落后小组找出与其他小组财富总值的差距，再将个别同学扣分的数量和对应项目整理出来，进行如下引导。

1. 找具体原因。小组成员几乎每个人都有扣分，都有加分，而且与别的小组差距并不大，只是某个方面做得不够好。所以，大家不要只看到问题的表面，直接把问题指向某一位同学。如果大家能把某些方面做得更好一点，小组照样可以超过别的小组。

2. 进行组间对比。每个小组都会有"刺儿头"，都会有扣分的"重灾区"，并不是某个小组才有的特殊情况。那么，别的小组是怎么做的呢？他们是否有效控制了个别同学的扣分？是否有效地调动了个别同学的积极性，从而不断进步？他们是怎么调动个别同学的积极性的？这么做是为了让组内同学看到他们的问题，重要的是解决问题，而不是针对某位同学进行抱怨和打击。

3. 找组内"刺儿头"谈心。"你觉得组内同学都在说你，你开心吗？""他们为什么会说你？""你做得好的方面是哪些？做得不好的方面是哪些？""你有没有可以为这个小组做出贡献的事情呢？你能否在《小组竞争评价体系量化考评细则》中找出一些你能为小组做贡献的条款来？"以鼓励为主，鼓励他们用自己的方式为小组做贡献。鼓励是对这些同学最好的帮助。

4. 适当调剂。对于"贫困地区"，班主任可以加入一些"补贴"的手段，比如，在组织和选拔班级事务志愿者、上课时的评价等方面对个别小组予以"照顾"和政策上的倾斜。但要"隐秘"，不能过于明显，以免造成新一轮的不公平。比如，在组织志愿者班级活动的承担与组织、上课评价等方面对个别小组予以照顾，让暂时处于落后地位的小组也有取胜的可能。

同时，我们需要一些让小组成员反思和成长的载体。所以，我要求每个小组长必须在每个评价周期写一份简单的周总结，并让组员签字，之后在班级内公示。

下面是几份周总结，从中可以看出他们的一些思考和变化。

"沉默的羔羊"组的第二周总结

这一周，我们组的排名还是原地不动——第四。

这一周，特别"突出"的是彭镜源和郑赞，他们俩在自习课上一唱一和，导致被扣分，还有个别踢门、打架等现象。但他们有坏也有好，比如在课堂上举手发言。还有一个邱天力，他有时候给组内扣了些分，但在纪律上不用担心，也是让我放心的一个。

总的来说，邱天力的英语单词比以往有了起色，而彭镜源和郑赞却十分让我头疼。他们俩的纪律没有好转，我们加了许多分，可远远比不上他们扣掉的分数。就在今天，第三次比赛又开始了，而彭镜源在历史课上说话，我便喊了他几声，他竟然说："反正都是倒数第一，还努力什么！"这句话令我非常失望。最可恨的是，他竟然没有一点羞愧，难道他不知道这几分是他和郑赞扣的吗？如果他们不努力，我们的努力也是白费的。我知道，我们不能放弃，但也知道，总有一天，我们这个组会分裂的。所以，从现在开始，我要让彭镜源开始努力，少扣一点分，争取加分，也把郑赞的扣分稳定在 12 分以内，希望我们不会出什么大乱子！因为我、蔡紫千、罗文杰已经快要顶不住了！如果彭镜源和郑赞还不努力，我们这个组就会彻底垮掉。

加油吧，第七组的同学们！加油吧，彭镜源和郑赞！加油吧，第七组，朝着前三名迈进！冲啊！发挥你们的潜力，向困难进军！

从这个总结中，我们可以清楚地看到问题所在：组内两位扣分比较多的同学成为"拖后腿者"，加分少，扣分多，而且有一位同学直接对抗别人的管理。组长和组内其他同学发出感慨："快要顶不住了！"

经过小组会议和相关引导，一周以后，该小组的周总结如下。

"沉默的羔羊"组的第三周总结

本周是小组比赛的第三周，经历了三周的历险，我们组的排名一直稳定在第四名。虽说是拿了第四名，不过组里成员的缺点还有很多，我总结了以下几点。

1. 邱天力：纪律方面表现还可以，基本上没有扣过分。

2. 彭镜源：其他方面都还好，但因纪律问题已经不知道扣了多少分，希望他加油！

3. 郑赞：纪律方面一般，作业扣分较多，我要狠抓这一点。

4. 我、蔡紫千、罗文杰，问题都不大。蔡紫千虽然有点爱讲话，不过只要我咳嗽几声，她就不会讲了。罗文杰，没啥问题，要是积极点就好了。

下周，我要和问题不大的组员携手，对我们组进行改革。学习上，由彭镜源指导邱天力，我指导郑赞，罗文杰指导蔡紫千；纪律方面，由我、蔡紫千、罗文杰来管彭镜源和郑赞。开始实行小组内的评比加扣分政策。

我相信，只要我们坚持不懈，努力加分，减少扣分，拿第三应该不算很难。总之，加油吧！

从这个总结中可以看出组长分析问题的能力明显有所加强，他看到了彭镜源身上的优点，还想好通过对组员学习上的指导来提高小组分值。同时，还想到了一个好办法：实行小组内部的评比加扣分制度（自己出现的问题自己解决）。

接下来一周，该小组的总结如下。

"沉默的羔羊"组的第四周总结

这次，我们进步了，拿到了第二。以下是我的总结。

1. 郑赞：这个星期比上星期好了许多，不那么爱说小话了。

2. 彭镜源：爱说小话的毛病没有改，又爱踢门，但是上课认真听讲，答问很多，帮助同学解决了许多学习难题。

3. 蔡紫千：比前几个星期好了些，作业也没有什么大问题。

4. 邱天力：一个安静的人，纪律也很好，但是上课不怎么答问，没有加什么分，希望他能更积极一点。

5. 罗文杰：纪律、作业等各方面都很好，是我的好助手。

6. 我：这星期有点爱说小话，会改正的。

我因为我们组进步到第二名而高兴，又因我们组离第一名只差 3 分而遗憾。如果我们组少扣点分，多加点分，那不就是第一了吗！我希望我们组的所有人都团结友爱、齐心协力，争取在下次评比中拿到第一。为胜利而奋斗，加油。

明显可以看出小组内的气氛融洽多了，大家互帮互助，都能看到自身的问题。组长学会了看到别人的优点和长处，发现自己的不足，并且对这个小组充满希望。

当然，小组不可能一直进步，但当下一次小组再次面对失败时，他们会采取"面对问题、解决问题"的理性思考方法，而不是陷入"我们是失败者，我们失败都是因为某某"的不良情绪。

在这个阶段，我并没有过度干预较为优秀小组的管理，只是针对表现不够优秀、矛盾较深的小组开展工作。

有些时候，磨合只能靠他们自己，等待也是一种教育。

（三）提高阶段

当小组内成员的关系较为和谐，彼此能够接受对方的优点和缺点时，我开始考虑：如何才能让每个小组的同学有整体性的提高和进步？

首先，如何让自己具有说服力，让同学更加尊重和信任你，这是组长的必修课。我赠送给每个组长一本书：《青少年领袖的 22 堂士兵突击课》，每周给他们布置阅读任务，开小组长例会时分享与讨论，以此提高他们的管理能力、组织能力和号召力。

其次，时刻关注小组内其他同学，利用一切机会鼓励他们。例如，丁潇同学是学困生，成绩差，脾气暴躁，不守规矩。在对该小组的工作进行多次指导以后，某一周，我发现了一个奇怪的现象：他给小组加了不少分，组内同学对他很认可。给大家看一份他们小组的周总结。

"云峰旭日"组的第九周总结

本周我们过的是提心吊胆、有惊无险的日子啊！我们组的排名一直直线下降，在倒数第二时终于稳住了。计算一下，还有四天，时间够用，主要看过程了。我们要开始反击了。

由于丁潇同学认真练字、上课积极回答问题，我们组的分数得以好转，一下子就冲到了第三名，离第二名只差几分。就在有突破的时候，李星野又来帮倒忙，一下子就把我们组拖到了第四。所以，李星野现在成了我们组的难题了。丁潇好了起来，但李星野又下去了。在这种危难的时刻，我们伟大可爱的谢老师站了出来，把李星野的希望寄托在字帖上。机不可失，我们全组同学几乎手把手地教他写字，总算加了几分，进入第二名。进入第二名后，我们那颗悬着的心终于落下来了。经过这次"风波"，我们组也加强了对李星野的管理，比如不准他看课外书，下课背书，认真写字等。

本小组七天之旅，十分短暂，又十分漫长。下周，我们又要抓另一个难题了，李星野，希望你改正！

从这份总结中，我们看到大家对丁潇同学的认可度是很高的。他是怎么找到成长动力的呢？一调查，原来他的加分来自语文字帖。那段时间，我天天发现他用心地练字，一笔一画，语文老师给他加分了。再加上那一周我有好几堂数学公开课，根据制度，公开课的积分是翻倍的。上课时，由于那几节课的有些内容比较简单，他答了不少题，给小组加了不少分，赢得了小组同学的赞扬。这种成就感影响到他的整体学习状态，也让他在小组内找到了存在感。

如果老师能及时发现孩子身上的闪光点，并予以指导和启发，让他们有成就感和归属感，找到能为小组做贡献的定位，我们就能激发他内在的成长动力。

（四）"退出"阶段

当一切慢慢走上正轨，我开始"退出"。对于组长，我常常只问一个问题：你觉得这件事该怎么处理，还有没有更好的处理方式和方法？对于一些常规事务，我开始放手让班干部去处理与解决，同学有矛盾，有时候班长或组长说的比我还管用。

再后来，我甚至取消了排名最后的一组需要在周一敬礼和唱歌的制度。这在某种程度上淡化了小组竞争机制和班本货币或校本货币可能导致的功利化问题。

在整个小组建设与班级建设过程中，我们必须以极大的热情与足够的细心，努力发现那些刚刚萌发自我成长的种子，呵护那一颗颗刚刚萌发的自我成长的嫩芽，帮助扫除那些正在成长却又历经曲折的脆弱的心灵阴霾。

用心呵护、用心陪伴，我们才能收获稳定且自我纠错、自我成长的班级成长生态。

三、必须耐心等待

个人在实践中感悟到的一些小组竞争机制的好处如下。

1. 便于形成全民参与管理的氛围。传统的班级管理体系为班干部管同学，对大多数学生来讲，做好自己便好。进行小组捆绑式评价以后，组内其他同学的表现与自己的"利益"相关，他不得不开始关心自己小组，产生关心班级事务和积极参与班级活动的意愿。班级学生互相管理，你监督我，我监督你，这比老师、班干部去管理的效能大得多。更重要的是，小组会为了整体利益不断想办法，如调整课桌、分派管理任务、一对一管理、互相监督学习等。这种管理意愿是发自内心的，可能刚开始时是因为"利益"，但久而久之，会让学生在对别人提要求的同时开始反省和思考，自我成长的原动力开始产生。

2. 便于形成"正气"。小组捆绑式评价中，一个学生的表现会受到同学的监督和管理，从某种意义上说，这叫作"人民民主专政"——多数人管理少数人。相对于整个班级，每个学生都不会再对班级出现的不良现象置若罔闻，正气就会开始萌芽、延续、成长、壮大。再加上个别评估条款的保障，这对不良现象的约束作用是相当明显的。

当然，这对班级整体风气要求较高，对班主任的调控能力和处理问题的能力要求也更高。

3. 便于化解不良小团体。与班级常态下存在的一些不良小团体不同，班级小组竞争机制为孩子组成的一个个小团体，他们有集体利益和奋斗目标。他们集体评价、集体活动，集体做某一件事情，团队的归属感和荣誉感共存，有一种"同生死共患难"的感觉。

4. 能更好地培养学生的民主意识和团队协作能力。制度由全体学生制定，班级管理人人有责，每个学生各司其职，这有利于培养学生的民主意识和参与意识。更重要的是，一个小组内，由于存在共同利益，总会有人要做出牺牲和退让，这对自我意识过强的学生来说，是一种很强的刺激，增进了学生之间的交流和合作，促进健康同学关系的形成。同时，彼此的讨论和交流能提高学生的交际能力以及敢于表达自己观点的勇气。同时，对部分表现不够好的学生的包容、帮助和理解，又促进了学生的换位思考。

5. 减轻班主任的压力，让工作更有针对性。对于一个优秀的小组来说，你基本不用操心大多数的问题，组内学生的积极性也会让他们彼此影响，要做的只是不断引导那些暂且落后的小组变得越来越优秀。更重要的是，哪怕是暂时落后的小组，组内总会有几个积极进取的学生，你的工作重点实际上只落在极个别的学生身上。这让工作更有针对性，效果自然也会事半功倍。

6. 能让班级形成你追我赶的良好学风和班风。学生很在乎比较，更在乎他们的面子。当小组比赛胜利或者失败时，总能对他们的内心形成刺激，激发他们内在的成长动力。再加上学习方面的一些制度引导，对形成上课积极发言、自主学习、自我管理、自我激励和自我反省等好的习惯有着很大的促进作用。所谓的优生，常常是制度赞赏下正在进步的学生。

由于存在大量的锻炼机会和整体被激活的成长外驱力，学生的成长才具备了综合能力上更多发展的可能，并因自我存在感和价值体现的驱动，产生促进学生成长的更多可能。

采取这种班级管理模式时，几个方面很值得注意。

1. 小组集体犯错。如果某个小组出现了整体性的不良思想，这有可能导致整个小组集体犯错。一旦小组犯错，事情就麻烦了。所以，我们在分组的时候要特别关注学生的思想状况，特别注意不要将多个有共同不良习惯的学生分在一组，以免出现"正气压不住歪风"的情况。所以，要关注组长的培养和成长，在尽可能不影响民主的情况下，对组长的工作提出指导性意见。好的组长，能成就好的小组。

2. 小组集体放弃。在竞争中，有可能会出现某个小组长期没有起色的情况，这对小组内所有成员的参与积极性是致命的打击，可能导致整个小组出现"破罐子破摔"而放弃、自甘堕落的情况。所以，小组评比结束后，对落后小组的指导一定要具体，鼓励要有效，为他们想办法。必要时，可以行使"市场干预权"，如以志愿者的选拔、活动的参与等方式，对"落后地区"进行"补贴"，不要让小组出现整体放弃的情况。

3. 个别同学被反复打击。有个别所谓的"刺儿头"在评价中可能会被反复扣分，导致全组同学对他"恨之入骨"，长期下去，会让他有不合群、自暴自弃，乃至与全组同学唱反调、故意表现不好等倾向。这对我们的工作是个很大的考验。我们要引导这个小组的同学多些耐心和爱心，关注那些"被反复打击"的"刺儿头"，挖掘他们身上的闪光点，为他们找到可以为小组做贡献、加分的地方，让他们得到全组同学的认可。

4. 功利化思想导致班级"支离破碎"。由于有了竞争和评价，很多同学就会单一地为了加分而表现，为了加分而做事情，他们的表现就会功利化。同时，过强的竞争欲望会导致小组间的不合作和不友善，破坏班级的整体团结。这就需要我们有很强的调控能力，强调我们是一个整体，鼓励小组间成立联盟，互相监督，或组织各种活动，增进小组成员间的友谊。当班级获得荣誉时，要强调班级的整体感与集体荣誉感。

以下两个问题更值得大家注意。

1. 突破开始时的痛苦期。任何一种模式或者方法在刚开始时都会有许多问题，这会让我们产生疑问：行，还是不行？小组竞争机制在刚开始时会出现许多你难以想象的问题，这已是一个增强自我调节能力和掌控能力的好机会。不要怕出问题，不要担心有困难，坚持下去，也许会发现我们的工作原来如此简单！

2. 慎重对待班级货币或校本货币。这一带有明显"利益性"的量化载体，既要让其具备本该有的功能——激发兴趣与动力，同时又要有意识地化解其"功利性"，如兑换的奖品类型等。在我的尝试中，并没有出现明显的"趋功利性"的情况，因为任何一个事物，经历了初期的新鲜感后，它只是一种载体了。

也许我们都应该明白一个道理：班主任工作是系统工程，所包含的内容绝不是一个管理模式那么简单，不管多么好的管理模式，都不是万能的，不可能解决所有问题。我们把工作寄希望于某一模式或某一方法是大忌。

教育是慢的艺术，我们需要有静待花开的耐心！

总结与反思

　　作为班级生态的建设者，班主任必须认识到：推动班级生态进化的首要动力是与生态学类似的群体动力。群体动力来源于群体动力关系，所谓群体动力关系，是指群体各成员间的相互作用和影响。反映在群体内，它包括：同等地位的人之间的依慕（附）关系、权威关系、利群行为、合作关系、共生或共栖、中性作用、竞争、侵犯、寄生、社群领袖。

　　正因如此，班级不能没有管理，而出现"管理"一词，就不可能有绝对的平等与公平。班主任要做的首要工作是：尽可能构建一个结构清楚、流程清晰、有规可依、有章可循的管理体系，创建激发更多学生成长可能的班级生态，让学生主体能积极受耐，主动适应环境。

　　在本章里，我尝试以"班级生态"这一角度来探讨班级管理体系的构建及其对学生（生态群落里的生命）成长的更多可能性。既然谈到生态，我们便不能脱离生态学研究的基本理论。生态学研究的理论主要有以下几种。

一、层次观

　　生命物质有从大分子到细胞、器官、系统、机体、种群、群落等不同的结构层次。虽然每一生命层次都有各自的结构和功能特征，但高级层次的结构和功能是由构成它的低级层次发展而来的。因此，研究高级层次的宏观现象需要了解低级层次的结构功能及运动规律，从低级层次的结构功能动态中可以得到对高级层次宏观现象及其规律的深入理解。

　　以班级视角视之，小组分组管理机制具备这种层次性：班级大生态由小组小生态构成，小组生态由学生个体组成。学生个体的成长促进小组生态的发展，而小组小生态的发展进而推动班级大生态的发展。

二、整体论

每一高级层次都具有其下级层次不具有的某些整体特性。这些特性不是低层次单元特性的简单组合，而是在低层次单元以特定的方式组建在一起时产生的。

回归班级视角，我们之所以强调人人有事做、事事有人做，从而以自主管理、人人参与的方式构建整个班级，其目的在于让个体生命在班级生态里具有存在价值。在推动班级整体建设过程中，个体在整体发展的推动下也就具有了更多的成长可能。

三、系统学说

系统是由相互联系、相互作用的组按一定结构组成的功能整体。

站在班级生态的角度，班级整体制度的建设与小组建设是密不可分的，两者互为促进关系。在本章的班级体制构建中，我既设计了分组管理模式，又设计了班级整体的自主管理模式，将班级与小组的层次性和班级整体管理的整体性有机协调起来。

四、协同进化

各种生命层次及各层次的整体特性和系统功能，都是生物与环境长期协同进化的产物。协同进化是普遍存在的现象。

班级生态内小组成员之间、小组与小组之间、管理者与被管理者之间也是一种协同进化的关系。若过分强调班级内部人与人的公平原则，让班级内部过度民主，没有体系化管理，这与生态学视角下的生物协同进化是相违背的。

第二章

如何把学生置于班级生态的中央

与自然界的任何事物一样，班级生态也不是固定不变的，它是一个动态发展的系统。

首先，思考一个问题：一个杯子能装多少水，取决于什么？

有以下答案：

1. 取决于你有多少水可以倒；

2. 取决于杯子的大小；

3. 取决于倒水者能端起多少水；

……

其实，这些答案都是正确的：站在教育的角度，"有多少水"代表师者的知识与水平，教师必须不断强化和提高业务水平，以期有更多的水可以倒给学生；"杯子的大小"代表学生的接受能力，同样影响教育教学效果；"倒水者能端起多少水"代表教师的教书育人水平，方法也好，艺术也罢，都可归于此类。唯有不断提升，方能达成更好的教学效果。

但我的答案与以上答案并不完全相同：一个杯子能装多少水，还取决于杯子的盖有没有被打开。若杯子的盖没有被打开，水的多少、杯子的大小、倒水者能端起多少水，都失去了讨论的意义。

在师生的心灵通道没有被完全打开之前，教育终归是低效或无效的。

我并非故弄玄虚，也非玩弄文字游戏，恰恰相反，它们的视角是不一样的。我们总喜欢站在师者的角度来思考问题，往往忽略了站在学生的角度来思考。

回到班级生态的视角上来，可以看到：

其一，若在班级生态建设中仅仅是让学生充分参与到班级管理中来——请注意，是参与管理，那么，学生之间是一种管理与被管理的关系。班级于学生而言，仅仅是"这是我的工作"和"我被班级管理"的一个体系，而非属于他的"家"，也就无法在内心产生主人翁意识。所以，我们必须最大可能地体现学生的主体地位，基于学生的角度思考问题，真正"把学生放在班级中央"，打开学生的心灵之门。

其二，若班级生态建设中不以激发学生的自我成长动力、促进学生的自主成长、实现学生的自我价值、让学生产生更多的悦纳作为首要考虑的问题，那么，班级生态内部的生命个体就失去了勃勃生机，班级发展就会停滞。

其三，我们经常说教育是一种关系的营造，思考的角度是：我该怎么做，才能构建良好的师生关系？这本身没有问题，关键在于我们依然从教育者本体出发，而非"以学生为主体"。所以，班级生态必须尊重学生成长规律，基于学生的视角思考问题。

第一节　如何自主生成生态的文化

"班级文化"这个词在近几年被频频提及。

我见过以下类型的班级文化：

第一，把教室布置得非常漂亮，各个区域分布合理、整齐美观，窗户上贴满各类名人名言，各种温馨提示与美化图片随处可见……

第二，班级有班名，有班歌，有班训，有口号。各小组有组名，有口号，有组规……

第三，班级有各类规章制度、班规班约……

第四，学生优秀作业、手抄报等种类繁多，会照顾到全体学生，让每个学生的风采都能得到展示……

对比一下班级文化的基本概念：

班级文化是班级群体文化的简称，是作为社会群体的班级所有或部分成员共有的信念、价值观、态度的复合体。班级成员的言行倾向、班级人际环境、班级风气等为其主体标识，班级的墙报、黑板报、活动角及教室内外环境布置等则为其物化反映。

不难看出，班级文化分为"硬文化"和"软文化"两类。

所谓硬文化，是一种显性文化，可以摸得着、看得见的环境文化，也就是物质文化。比如，教室墙壁上的名言警句、英雄人物或名人画像；摆成马蹄形、矩形、椭圆形的桌椅；展示学生书画艺术的书画长廊；激发学生探索未知世界的科普长廊；表露爱心的"小小地球村"；悬挂在教室前面的班训、班风等醒目图案和标语等。

所谓软文化，是一种隐性文化，包括制度文化、观念文化和行为文化。制度文化包括各种班级规约，构成一个制度化的法制文化环境；观念文化则是关于班级、学生、社会、人生、世界、价值的种种观念，它们弥漫在班级的各个角落，潜移默化地影响着学生；行为文化是制度和观念等引发出来的，体现为学生的言谈举止和精神面貌。

通常情况下，我们讨论的班级文化，仅仅停留在班级布置这一硬文化层面。

我们不妨提这样一个问题：班级硬文化是否应该以一种强行灌输的"硬建设"方式实现呢？

答案是否定的。既然班级文化并不仅仅是指"硬文化"，也指向班级所有或部分成员共有的信念、价值观、态度等，那么，班级文化建设就不能仅仅是一种"硬建设"，而应该是"我的文化我做主"，让学生参与到班级文化的建设中来。

简言之，班级文化不应该是布置出来的，而应该是由全体班级成员共同建设，逐步生成的。

一、自主生成班级"硬文化"

我不追求班级教室有多漂亮，更不会代替学生动手把教室布置得整整齐齐、漂漂亮亮。相反，我的教室一开始往往会显得很空，墙壁上原本张贴的名人名言都有被撕掉的可能。不过到后期，教室显得越来越凌乱：班务栏里杂乱无章的小字条，学生动手画的各种小漫画贴满窗户，学生自行设计绘制的各类小标语随处可见，班级管理用的各类表格会放在教室中便于使用的区域，窗台上放着由学生种植的各种奇怪的绿色植物……

但是教室必须干净、整洁。达成这一目标的前提是：借助班级小组管理机制，每天由一个生态小组负责卫生扫除，再由专门的卫生监督员负责监督。

这些杂七杂八的事物是怎么一步步增加的呢？

以"53班"为例。这是我接手的一个七年级班级，名为"馨蕾班"。经过两年左右的时间，这个班级的"硬文化"才一步步完善起来。

当教室布置被提上班级日程之后，我首先与班委一起商讨制订教室各区域基本布置的计划，如卫生工具如何摆放，各区域如何使用，黑板怎么画线方便，班务栏内需要张贴哪些东西等。

这全部由班委会顶层设计，之后向全班同学征集各区域的布置方案，然后采取民主评议的方式选出好的方案，并予以实施。

完成方案征集之后，我们形成如下的分区设计。

1. 班务栏由班委会负责，张贴班级管理制度、规则，并分区域张贴班级管理中需要公示的内容，以便利贴的方式每日更新，方便全班同学查阅。

2. 所有靠走廊的窗户全部划分成不同区域，各小组可以自行进行小组文化建设，每月更新。

3. 教室走廊前有一个铁窗，用来养花，可在栏杆上挂绿萝等藤类植物，栏杆台面建议养殖多肉类植物和太阳花等盆栽花卉。

4. 教室的其他空白区域，贴上从淘宝买来的张贴画。

5. 其他的日后再说。

从过程角度来说，这看起来很简单，对吗？

但是在班级组建后，整整一个月里，教室空荡荡的，什么都没做，很多同学有些着急了：别的班级的教室早被他们的班主任布置得漂漂亮亮了。

我一直等到基本了解了学生的情况，完成小组分组及班级小组管理体系之后才开始宣布：我们一起来布置教室，但是由你们说了算。

刚开始的时候，很多学生不相信："教室布置完全由我们说了算吗？"我的答案是肯定的，并一直以建议的方式参与其中。最终，我们完成了教室基本区域的布置。

班级发展过程中，学生不断提出了许多新的建议：

1. 增加各类"硬件"，如卫生工具摆放提示语、各类文明行为提示语、班级荣誉栏、民主形成的班级公约张贴等。

2. 增设点赞墙，由学生主动为班级中一些做得好的榜样点赞。

3. 增设生日墙，把全班学生的生日张贴在内，为过生日的同学送去祝福。我很少以班级为单位开生日会，一直觉得孩子的生日是母亲的受难日，但会在学生生日那天提醒他给母亲打电话。

4. 建设班级照片树，由全班学生自行设计、制作、张贴。

5. 增设班级事务提醒栏，购买一块带有周历的贴板，方便张贴便利贴，用来提醒学生未来一周班级需要完成的相关事务。

……

班级板报，也分配给各小组承担，并以评分的方式完成。

当学生的参与意愿得到尊重并实现时，既激发了有意愿的学生，也给尚无意愿的学生一个暗示：如果我有好的创意，也能得到尊重，从而产生传递效应，激发更多人参与——"杯子的盖"逐步被打开。

这种生成性的教室"硬文化"，充分遵循"把学生放在班级中央"的原则，为班级生态的建设提供了动力。

在这个基础上，我以小组为单位，让各小组分板块布置属于自己小组的窗户，包括小组组名、组内口号、组训、成员介绍或其他内容。这完全由学生以小组为单位实施，我只在规定时间组织班委会成员集体评分，评出不同等级，奖励全组同学一定的量化积分。

在随后的几个学期，我们每个月都会更新小组布置的文化内容，依然以自主为前提，只进行评分。

"窗刊"成为我们班的一道美丽的风景线。

这种由学生自主生成的小组"硬文化"，不仅让教室布置发生了很多变化，也有利于小组信念、态度、价值观的传递，用文化推动小组生态健康、积极成长，促进班级生态健康发展。

"硬文化"是班级"软文化"的载体，班级"硬文化"必须强调"生成"——基于班级"软文化"的需求而逐步生成。

二、自主生成班级"软文化"

我见过这样一类班主任，班级建立的第一天，他便会在班级宣布班级名称、班级口号、班训、班级精神等。这些班级的"软文化"在他做班主任的第一天就已经被他构建起来了，然后以"硬文化"的教室布置呈现出来，在往后的时间一次又一次地被强调，力求以机械训练的方式让学生产生应激反应。

这种做法起码违背了自主原则。这种所谓的软文化，不是作为班级的主人学生自主构建的，只是从管理者的角度出发，强权制定一种满足管理所需的规则。

"软文化"需要时间，需要在执行中能被班级多数同学接受，更需要被班级多数同学认同并自觉内化成行为。

（一）标识文化与班级精神

通常情况下，班级常常有一些标识物，如班名、班徽、班旗、班歌、班训、班级口号等。

在这方面，我的一般做法是：开放式征集、民主投票、形成实物体、以仪式感的方式让全体同学达成认同，并在班级生活中不断强化它们的核心地位。

仍以 53 班为例。除了班级名称由学校统一命名外，该班级存在如下外显的班级软文化：班徽、班旗、班章、班级口号。之所以没有班训和班歌，是因为在其构建过程中没有生发或被学生拒绝而无从生成。

"我们的班级我做主"是我在班级构建时常说的一句话。最初时，我用激励性语言让更多的学生参与班级构建，开放性征集班徽的设计课。

班委会在对上交的几十份班徽设计图案手绘稿进行初选之后，我把决定权交给了全体同学：召开主题班会，让每个通过班徽方案初选的设计者上台说明设计寓意，然后全班同学投票选出适合的班徽。

最终，我们投票选出下面这个班徽设计图案。

朝阳国际实验学校logo设计
CHAOYANG INTERNATIONAL EXPERIMENTAL SCHOOL

彩色logo   浅色底灰调logo   深色底灰调logo

这个图案是有寓意的，凸显的"53"数字代表的是班级的序列号，船意

味着班级在大海上扬帆起航，遨游在知识的大海，驶向胜利的彼岸。设计者为陈思玥，遗憾的是，这份设计稿是根据网上一个类似的图案做的修改，某种意义上说，它有抄袭的嫌疑。

学生在"硬文化"的民主征集时建议：教室里的相关布置，包括教室门，都应该有班徽图案。后来，这个任务由一位家长完成了。我们拥有了很多个可以张贴的班徽，在每份班级文件的页眉上也会有一个小小的班徽图案。学生又主动提出将班徽图案制作成班章，所有文件材料必须盖章才能生效。

后来，学生在参加七年级上学期的校运会时，商议入场仪式的时候提出：我们可以做一面班旗，大旗由旗手擎入场，小旗人手两面，像中国代表团参加奥运会那样。于是，我们又制作了一面大的班旗——挑选班旗图案时，启用了另外一位班徽设计者的图案。

这面班旗在运动会上大放异彩：领奖学生身披班旗站在台上，台下学生人手两面小旗挥舞，让53班成为这一届校运会上一道亮丽的风景线。从此，这面班旗在全班学生心中拥有了神圣无比的地位。

在这次校运会上，我们班里最瘦小的男生陈征报名参加了1500米跑，全班同学挥舞着班旗在跑道的每个区域为他加油。

当时我正组织《士兵突击》系列电视剧的讨论活动，同学们喊出"不抛弃、不放弃"的口号，这正式成为班级的口号。这个口号在班级活动、学习生活中被不断强化，逐渐成为 53 班的班级精神。

我们没有强制性编制班歌，虽然征集过相关材料，但由于学生的音乐才能有限，尝试几次后，觉得不好，就放弃了。

班级标识和班级精神，应该是自主、逐步生成的，并在班级发展过程中逐渐获得学生的认同。

这样的班级标识与班级精神，才是真正的"软文化"，它需要时间，需要在执行中被班级多数同学接受，更需要被班级多数同学认同，并自觉内化成自主行为。

（二）班规班约与制度文化

班规带有强制属性，班约却凸显民主属性，两者有较大的差别。

但二者有一个共同特点：最终都必须能被班级全体同学遵守才有意义。个人认为：民主构建、仪式化启动、自主或被动强化，是班规与班约区别于法律的强制性而具有教育功用的地方。

班约往往是为了实现某一教育目的而由师生共同制定并遵守的。

例如，教会学生讲文明、懂礼貌、爱卫生、有素质，做有修养的人，这是班主任工作中一项重要又基本的任务。但很多老师似乎在这方面并没有取得很好的效果。

当我们絮絮叨叨地给学生讲述着大道理，语重心长地诠释着文明与礼貌的重要性时，处于青春期的学生仍然会把随地乱扔垃圾当成个性，把粗言痞语当成习惯，把冲动与莽撞当成成熟。

个别学校、班主任为了抓好文明卫生，惩罚方式更为多样化、制度化。

这样真的能让学生文明、卫生、礼貌起来吗？

这样的惩罚给学生带来的是终身影响——它会被深深烙在学生的潜意识中。师生交往、学校生活带给他的，是不安全。这种不安全感会导致学生厌学、向师性减弱、习得性教育接受疲劳等。它只能起到堵的作用，有时甚至连堵的作用都没有实现，更不要说学生自我意识的觉醒和文明意识的内化了。

念叨式的教育、单一式的榜样树立，因为忽视教育对象的感受，同样难以起到好的作用——青春期的孩子是叛逆的。这种简单、表象、不被教育对象接受的教育，是没有意义的。

在这方面，个人认为，班主任大有可为，因为我们直面学生，比学校开展工作更加直接。

我的办法依然是，以班约为抓手，以持续性的教育过程来达成目标。

1. 让学生在场，通过班级议事达成共识。

文明礼貌是我比较重视的一个问题。53班刚刚建立时，我们就召开了主题班会：三言两语话文明。

讨论式、民主化、引导启发式提问、小品表演、情景再现等，成为班会课的常用技巧。

此次班会课主要围绕下面几个话题，让学生分组讨论并派代表发言。

（1）你觉得生活中用得最多的礼貌用词是什么？你会常常说吗？

（2）你觉得来到新的学校，进出老师的办公室应该怎么做？在校园遇到你认识或不认识的老师，应该怎么做呢？遇到家长，又应该怎么做呢？

（3）你觉得同学之间哪些不文明的用词让你不舒服？

（4）你会正确地站、走、坐吗？为什么要这么做？

（5）当你与同学发生了小矛盾，应该怎么做？

（6）同学之间的哪些行为会让你不舒服？

（7）你是一个有爱心、懂得关心别人的人吗？当同学生病时，你可以做些什么？当同学心情不好时，你又可以做些什么？

（8）你在家帮爸爸妈妈打扫过卫生吗？当地面有纸屑时，你会怎么做？当刚打扫完的卫生区被别人丢了垃圾，你的感受如何？

（9）你怎么看外国人说中国人做什么事都不喜欢排队这个问题？

……

这类班会课通常是在新接手班级时召开：当学生来到一所新的学校对周

围的事物有着很强的新鲜感，并对同学和班级还感到陌生且愿意接近与融入时，这样的问题会让学生更愿意呈现出他心里美好的一面，哪怕只是自己美好的想象——并不能排除个别表现欲望比较强烈的学生，说起来头头是道，但做起来又是另外一回事。

让学生参与到制度和文化的创建中来，所能达到的最小效果是："这个是我与同学们的共识。"

在此基础上，我再让全班同学分组提供这些问题的答案，形成文稿并公示，最终形成如下这份文明公约。

53班文明行为公约

（1）常把"请""谢谢""对不起"三个词挂在嘴边。请人帮忙说"请"，别人帮了忙要说"谢谢"，做错事及时说声"对不起"，做个有修养、有风度的人。

（2）注意礼貌，尊敬师长。不管认识还是不认识的老师，或是学校的工作人员以及外来的老师和领导，都要学会打招呼，不要随意进出老师的办公室，有事要进办公室请打报告。

（3）说话文明，粗言秽语的唯一作用是使你变得一天天不受欢迎。

（4）养成好的坐、立、行姿势，这样有益于健康成长。

（5）同学之间有矛盾要注意退让。争吵、打骂只会让矛盾更深，不利于同学之间的团结，也让别人觉得你是一个斤斤计较、小肚鸡肠的人。

（6）不要给别人起绰号，不欺负小同学，不跟同学开过分的玩笑，学会替别人着想。学会将心比心，站在别人的角度去想：如果受伤害的人是我，我的感受会怎样？尊重别人，其实就是在尊重自己。

（7）同学之间互相关心，今天你关心别人，帮助了别人，如果有一天你有困难，别人也会关心和帮助你。

（8）不乱丢果皮纸屑，见到果皮纸屑，可以主动捡起来丢到垃圾筒，做个环保小卫士。不在墙壁、黑板、栏杆等地方乱写乱画，学校是我家，爱护靠大家。

（9）吃饭、打水、买东西请注意排队。插队只会让大家的速度更慢，更不是文明人应该有的表现。

（10）记住，文明人永远比不文明的人受欢迎，学会做人比读好书更加重要！

全班签名：

53 班班委会

××××年×月×日

这是我当时带这个班级时和学生一起制定的文明公约，不同的班级，公约也不相同。你提什么样的问题，学生就会有不同的答案，形成的条文也会发生相应的变化。教师设置的问题，其实就是自己教育理念的体现。

这 10 条公约的措辞，多了一些提醒，少了一些强制；多了一些引导，少了一些阻止；多了一些关怀，少了一些命令。公约本身就带有礼貌和包容，传达了一种文明，自然得到同学们的认可。

尽管对全班同学来说，班约是一种约束，但是如果它多了一点民主和关怀、尊重和引导，或许会有意想不到的效果。

班规班约，其实也可以是"柔美"的。

2. 注重学生可接受度，营造班级文化。

班约制定好了，并不代表同学就能认真落实，也不代表我们就能达到教育目的。班约被全班同学真正内化，并形成习惯，是一个长期的过程，需要我们一步步地推动。

在以后的班主任工作中，围绕文明公约与班级文化建设，我做了如下的事情。

（1）让会画漫画的学生画文明漫画。

（2）让学生编写文明打油诗。

（3）让会做手抄报的学生绘制相关手抄报。

（4）在分组管理的前提下，举办关于文明的壁刊评优。

……

在学生的世界里，没有什么比假、大、空的事物更可恶。我更喜欢运用与学生一起创造出来的、带着学生成就感与愉悦感的事物，因为这些直接来源于学生自身。

法国18世纪伟大的启蒙思想家卢梭在《爱弥儿》一书中说道："教育的艺术是使学生喜欢你所教的东西。"忽视学生的可接受度，是很多老师在工作中常犯的错误。我们的工作基于学生，最终又要在学生身上获得成效。

我注重发扬学生的特长，展现学生的优点，让学生在自主管理过程中产生成就感和愉悦度，强化参与活动的学生的文明意识。此外，分组管理前提下的评优活动，进一步刺激小组的归属感和荣誉感，可谓一举多得。

3. 借用相关事件资源促进学生自我反思。

一天下午，学校德育处公布了一个不文明事件：某九年级男生，因为在吃饭时插队被八年级学生发了几句牢骚而踢了那位学生，现在却查不到踢人者，德育处要求各班班主任帮助查一查这个男生是哪个班级的。

我清楚地知道这件事情不会是我们班学生所为——两年的陪伴让我对这些学生有这个自信，但说一说总归是必需的。怎么说，又是一个问题。

看看下面的这种说法：

今天上午，八年级的一个学生被九年级的学生打了，是不是我们班的学生干的？

也许很多老师面对这样的问题时会这样问，而我的说法是：

今天上午，我听说了一件让我感觉非常气愤的事情，八年级一个瘦小得连风都可以吹起来的男孩子，仅仅因为别人插队时友情提醒而在上厕所的时候被我们九年级一帮人高马大的男生无缘无故在身后踹了一脚，差点掉到厕所里。我相信我们42班这些高素质的孩子是不会做这种事情的。如果大家了解和目睹这件事情的，请告诉我一下。这种以大欺小的行为，我个人觉得太可耻了！

教室里立刻炸开了锅："谁啊，这么没素质！""不可能是我们班的哦，温爹！""这件事是××班的×××了，我当时都看到了，我们都说了他！"

我想大家都知道作为班主任接下来应该怎么办了，无非就是表扬大家、希望继续保持之类的话，然后转告德育处，由德育处处理。

但我想问的是：

（1）一件看似与自己班级无关的事情，有没有必要借它大费周章、郑重其事地跟班级同学做文章呢？

（2）第一种说法与第二种说法有何区别？

发生在我们身边的学校或别的班级的某些事情，表面上看与自己的班级建设无关，但是如果能为我所用，也许会成为助力自己发展的资源。

至于第二种说话方式，它到底哪里有用呢？愤怒的态度表明了我对这件事情的态度，语言措辞上对受害男生弱小的强调强化了这个事件的不文明程度，"我相信"三个字表露了对班级同学的信任，"以大欺小"四个字对这一事件进行了定性……

语言是有魔力的，不多的几句话不仅将整件事情呈现在全体同学面前，而且用了几个重点词引导学生自我反思。

班级建设中，不要求有太多的、强制性的、必须遵守的班规班约。无论是班规还是班约，制定之后，若因学生违规且难以实施"处罚"，就是一件非常尴尬的事情。

班规班约形成之后，我们需要一个仪式，以主题班会或微班会的方式赋予它神圣的名义。我要求大家集体面对班规宣誓，因为在班规的形成过程中，全体同学已经全程参与，但班主任仍必须在这个班会上强化这种参与感和荣誉感：这是由我们共同制定出来的，我们必须遵守。

班规班约的制定、实施过程简单，但要维护它的神圣性，实现教育的目的，不仅需要班主任善于"播种"，长于"呵护"，更需要班主任的长期"等待"。

再次强调三个关键词——

民主：制度形成靠民主，制度执行靠民主，制度空白靠民主，特殊情况靠民主。民主能调动学生参与班级事务的积极性，形成班级的凝聚力，减轻班主任身上过重的压力，有利于形成学生的民主意识和人文思想。

严格：并不只是指班规班约的严格，而是体现在班规执行过程中的严格按章办事。班主任必须按照班规办事，这样做的最大好处是无形中强化学生的规则意识，对班规班约的执行力起到决定性作用。

关怀：在执行班规的过程中，不能简单粗暴，而要充满柔性的关怀。关怀每一个学生，尊重每个人的人格尊严，保护每个脆弱的内心世界，这对学生来说，是心贴心的。柔性的班规加上充满关怀的执行过程，激发了每个学生爱班、爱老师的情怀，最终实现班规与班约的教育目的。

第二节　如何激发班级生态的活力

班级生态像生物学的生态系统一样，是动态的，它为班主任促进班级生态发展提供了更多的可能。

引起生态系统演替的原因总是系统内部的发展过程与外界加给的物理力量相互作用的结果。那么，生态系统内部的发展过程与外部的物理力量是一个什么样的互动过程呢？当外界的力量促使其内部形成生态的活力之后，这个生态系统才具有了源源不断的发展动力，从而与外界形成良性互动。简言之，若是班级没有活力，它就是"一潭绝望的死水，清风吹不起半点涟漪"。

那么，班级生态的活力从何而来呢？它来源于班级生态系统的构成方式、班级文化以及与班级内各个体生命本身具备的活力因子。它的壮大则有赖于外部力量的进一步刺激、尊重和强化。获得价值体验与成功的喜悦，是刺激和强化的关键。

在班级建设过程中，我们唯有让团队不断体现这种有价值的成功，才能激发其更多的成长活力，利用其产生的有价值的教育资源，发掘班级成长的更多可能。

本节围绕"班级学生集体参加的学校活动"这一常见事务来阐述班级建设问题。

一、让班级学生体验有价值的成功

这是两个真实的故事。

故事一：我曾经的同事大姐，做过 20 多年的班主任，经验丰富，工作敬业，能力很强，她用两年时间打造了一个无论是班风还是学风都堪称优秀的班集体，付出比我们任何人都多，也赢得了很多人的赞赏与敬佩，获得了很多学生的尊重。然而，她的班级竟然在九年级第一学期的短短一个月内变成一盘散沙，她再也无法掌控。这成了她一辈子最大的遗憾。

事情的起因源于一次篮球比赛，一次并不寻常的篮球比赛。我曾经的学校是县内的篮球传统学校，学生的篮球水平在全县堪称一流，有着浓厚的篮球文化。学校篮球队多次获得全县初中生篮球比赛冠军，校园里自然就有许多让学生崇拜不已的篮球小明星。他们的篮球故事与传说总会在一届又一届学生的嘴边流传，而于九年级第一学期举行的九年级篮球赛自然就成为许多学生初中三年最重要的事情之一。

故事就发生在距离篮球比赛开始前的半个月里。

"老师，下个月就要进行篮球比赛了，我跟同学商量，我们每天下午第八节自习课想去篮球场训练，我们的实力并不差，想得冠军！"学校篮球队队长即班级副班长诚恳地对我的同事大姐说。

"打篮球？下个月还有期中考试呢！新课还那么多，第八节课我还想去上语文课。你啊，就知道打篮球，现在已经是九年级学生了，明年 6 月就中考了，打篮球会影响你的学业啊！"她语重心长地对那个高大的男生说。

男生的语气有点像哀求："老师，我们会努力的，一定会把期中考试准备好，也一定会全力以赴中考。可是我这两年多来最期待的就是这次比赛，赢得这个比赛的冠军是我最大的梦想！我一直在努力训练，不想让自己后悔！"

"后悔？原来你两年多来的梦想就是为了一次球赛？我的天，一直以来，我以为你是一个有追求的孩子！不行，你越是这样想，我就越不同意，太没有追求了！今天第八节课上语文课，就这么定了！"看着眼前这个她一直以来都比较欣赏的孩子，她有一种感觉：自己看错了人。

下午的第八节课，她上了语文课。她知道那些篮球队的孩子一个个都心不在焉，但她心里对自己这两年来的努力是有信心的，觉得一切尽在掌握中，下课再找他们聊聊天应该就没什么大问题了。

第二天中午，她的办公室里一下子进来八个男生，其中有班长和几个班干部，还是跟她交流篮球赛训练的事。她有些怒意，因为她觉得他们在威胁她。她开始不明白，为什么他们那么在意这个事，而对即将到来的期中考试毫不在意？到了下午第八节课的时候，她突然发现，那些篮球队的孩子逃课去篮球场打球去了。她怒不可遏——这完全是对她赤裸裸的挑战。然后，她去篮球场找到他们，将他们叫回到办公室，一场师生的"战争"由此展开。她通知了队长的爸爸，停掉了队员们的课，要求他们承认错误才允许进教室上课。她希望孩子们能"迷途知返"。事实上，她"做到了"，后面的十来天，孩子们再也没有逃课，学习状态也还过得去。只是每一个第八节课，篮球队队长总是对着窗外发呆，因为他知道，别的班级正在如火如荼地训练。

事情并没有到此结束。篮球赛如期到来，面对训练有素的对手，孩子们经过顽强拼搏，终于小组出线进入复赛。复赛中，他们面对的是一个平时毫不起眼甚至连一名校队队员都没有的对手。然而，比赛的结果令人难以置信。对手用团队熟练的挡拆配合和顽强的联防战术让他们找不到任何取胜的可能，他们大比分输掉了比赛，连决赛的边都没沾上。孩子们在一刹那间彻底疯了，全班同学都哭了，全都躲在寝室里不去教室。那位高大的男生在寝室里发出绝望的吼叫。我的同事大姐茫然不知所措，她突然发现自己两年时间培养出来的对全班的掌控能力完全失去作用，就连平日里最内向的孩子都会冲她怒吼。她请了所有的任课老师和学校领导做工作，可于事无补。

那位篮球队队长只跟她说了一句话："请允许我冒犯您，老师，您毁掉了我两年多来最大的梦想！"至于后来，我想你应该能大概猜中故事的结局：整个班级从此沉沦，她不再有威信可言，孩子们再也不愿意听她的话。那个班级成为我的同事大姐最大的遗憾！

故事二：我曾经的同事小弟，年轻、稚嫩，但不缺乏激情。参加工作的第一年，学校就交给他一个别人带了一学期就带不下去的班级。一年多里，由于他缺乏经验和技巧，班级面貌没有得到很大的改观。然而，八年级下学期，他的班级彻底改头换面了。他说他猜到了故事的开头，却没有猜中故事的结局。

事情源于一次拔河比赛。对于这次比赛，他心里明白，自己班上人数不多，高大威猛的人也不多，所以他自认为必输无疑，也就没有抱什么希望。但当他把这次比赛在班上说了以后，孩子们的反应却让他吃惊。

"老师，比就比，谁怕谁啊！"

"老师，不就拔河嘛，学习我们搞不过，使劲的事，我们不怕！"

"对啊，这又不是比别的，干嘛要认输啊？我觉得老师您的信心不足！"

……

他想，反正是输，既然孩子们想比，那就做好准备再比："那大家想想，拔河比赛要怎么样才能赢呢？"

孩子们东一句西一句地说着自己的想法，最终得出一个结论："要团结，要劲往一处使！"他正期待着这个答案。于是，他在班上发表了热情洋溢的讲话，以激励大家的斗志，尽管他觉得最需要激励斗志的是自己。然后，他查找了一些有关拔河比赛的诀窍和训练方法，利用空闲时间将全班同学带到操场，调整站位，反复训练用力的整齐度和啦啦队员加油口号的配合。最后，他又利用放假返校的机会让农村的孩子给大家弄来了草鞋。

比赛那天到了，他对孩子们说："同学们，今天就要正式比赛了，谁也不知道我们到底能赢几场，但是我想，只要全班同学团结一致、拼尽全力，我们就已经是胜利者了。请相信勇气的力量吧，它能激发我们每个人的潜能；请相信团结的力量吧，它能让我们有无穷的战斗欲望。团结一心，战斗不止！"然后，他和全班每个同学击掌，在"团结一心、战斗不止"的口号声里，微笑着送队员们走上比赛场地。

至于比赛结果，其实，他们只拿到第二名，但是没有人会相信他们能拿到第二名。他告诉孩子们，他为他们骄傲；告诉孩子们，只要团结一心，每个人都能战斗不止，就没有做不到的事情；告诉孩子们，他期待着他们能把今天这样的精神面貌带到生活中去。他还告诉我，这是他工作一年多来第一次感觉到自己真的是他们的班主任。

他的学生跟他说："老师，让我们一起努力，我们的班级总有一天会是最棒的！"至于后来，我想你应该也能猜中故事的大概结局。从那天起，我的同事找到当班主任的感觉，他的学生也第一次感受到团结的力量和奋斗的感觉。他把这种感觉移植到班级的每件事情上。初中毕业时，他的班级已经成为全校最优秀的班级之一。

……

从这两个故事里，你想到的是什么？

不同的处理方式，让故事有了不同的结局。我所想到的是：对于学生正常的要求，我们应该尊重，最起码不应该抹杀，这是师生关系的大忌；如果你能因势利导，抓住难得的引导机会，甚至能让自己的引导"润物细无声"，可能你会取得意想不到的收获。假如你的学生开始集体反对你，可能一切都完了。

美国加利福尼亚大学的哥拉斯说——我们都被潜伏于基因中的四种心理需求驱动，它们是归属的需要、力量的需要、自由的需要和快乐的需要。班级生态的建设是相同的道理，若这个班级不能满足学生这些能驱动他成长的需要，则学生个体就会逐渐失去与这个班级和班主任的良性关系，成长趋于停滞，甚至生态崩溃。

反之，班级生态的良性发展需要蓬勃的动力。集体活动的价值在于"集体"二字，若班主任能利用各类活动、各种场合，尊重学生的参与意愿，主动激发班级学生的参与热情，并尽可能地让班级学生收获成就感，获得愉悦的体验，那么这个班级生态将充满勃勃生机，也将有更多的可能与来自外界的成长能量，从而产生更多的互动。

二、让活动促进班级更快地成长

在我们的活动中，仅仅让学生有成就感还不够，如何在活动中获得班级生态的新一轮成长，是我们必须深入思考的问题。

在我带领 53 班迈入八年级的时候，我们班参加了全校的广播操比赛。

对于这种比赛，我确实不太愿意参加。首先，它对学生身体的锻炼意义不大；其次，规定的动作、统一的步伐，比较死板。

学生也不太愿意参加，但我们不得不参加。

经过班干部的动员，我们参加了比赛，竟然还拿到了全校最高分。

"无心插柳柳成荫"，这种事情不常有。于班级发展而言，这种获奖的意义有多大呢？能让班级获得成就感，进而产生班级发展的良性驱动力吗？

不一定。这个奖得到的太容易，对于班级来说，不是件好事情，也许学生会产生"不努力，我们一样能收获成功"的不良体验。

所以，我想故意淡化这个荣誉，但这又与学生的内心期待相违背。

如何让这个荣誉既满足学生内心的成就感，又能让班级得到更多的发展驱动力呢？

我在比赛结束后的微班会上，发表了如下讲话。

同学们：

首先，很高兴你们拿到这个在很多人看来很重要的一等奖！

我们并没有训练很多次，作为班主任，我也没有为了这次比赛付出很多。我们没有破釜沉舟和卧薪尝胆，但仍然拿到了这个一等奖。这值得庆祝，我为大家高兴！

我很快乐，也为你们骄傲。从训练到比赛，我一直没有对你们讲过这句话，现在我讲出来了。但我并不只是因为今天比赛的结果而为你们骄傲，而是在这一学期里，我一直为大家骄傲，尽管我们彼此之间也有过不太愉快的时候。

　　大家都了解我，知道我向来对这些班级荣誉很少在意。我从不关心我们获得了多少荣誉和多少奖状，或者是评了多少次优胜班级。赢也好，输也罢，我只在意我们能从荣誉和挫折里得到什么，又能学到什么。所以我骄傲的，不是这次比赛的结果，而是整个过程，和这一学期以来大家的成长。大伙都知道，我是一个喜欢观察细节的人，正是这一学期以来包括这次广播操比赛从训练到比赛细节，让我为你们骄傲。

　　细节一：每次训练的时候，我都会要求你们保持最美的站姿，手指发力伸直，紧贴裤子，你们总能全程保持这个看似简单却又需要毅力的动作。在每次训练休息的时候，还有很多同学依然在练习，让伙伴检查自己错误和不标准的地方。也许大家没有觉得这有什么了不起，但要明白一个最简单的道理：当我们把想要做好的事情的每个细节都做到极致，其实我们就已经赢了，因为细节决定成败，而我们做到了。

　　细节二：比赛前准备队形时，大家都很紧张，但我看到大伙有的在深呼吸，有的在闭着眼睛回顾动作，有的在彼此鼓励和加油，有的在为同学整理衣服，有的在静静地思考……当比赛开始之后，我看不到任何一个同学紧张。这说明你们变得坚强和更有勇气了，不再需要老师一直给你们鼓劲加油。你们学会了互相帮助和提醒，学会了独立面对且能战胜自己，学会了迎难而上和一往无前……

　　细节三：比赛结果宣布之前，尽管我没有说假如你们没拿到这个奖励会怎么样，但在比赛结果宣布之前的那一点点时间里，有的同学双手合十祈祷，有的一脸严肃焦急地等待，有的抓着裤脚来回搓手……当结果宣布之后，我看到了一群为胜利而欢呼却又能对相邻班级取得好成绩而送上祝福的同学。这说明了什么？说明你们真正把班级当成自己的家，在乎它，在乎它的荣誉，在乎它的胜利，真正与53班这个名字融为一体。同时，你们还学会了大度和包容，学会了与他人共享，学会了独乐乐不如众乐乐……

　　所以，当今天比赛结束以后，对于这个一等奖，得到也好，得不到也罢，都不重要了。因为你们获得了成长，学会了认真对待每个细节，学会了坚韧和勇敢，学会了与班级同呼吸，学会了分享和大度……成长是我最想要你们得到的，所以，我为你们骄傲。

其实，我自己一直都不完全明白：这样一个广播操比赛的奖到底有多大的意义。但现在我知道了，它有意义，而且是太有意义了。还有什么比你们的成长更有意义的事情呢？

所以，我为你们骄傲！

但我还想提醒大家：我们并不完美。我知道你们爱我，尊重我，一直在努力！但一年多以来，有多少同学真正懂得了自主和独立？有多少同学真正明白了什么是真正的成长？有多少同学真正地把自我完善和自我成长装在了心里？又有多少同学需要每天都要看见我，才能静下心来学习？

今天，我在这里，两年后，我在哪里？五年后，你们走进大学的校园，我在哪里？十年后，你们走入社会，我又在哪里？我没有办法陪伴大家一辈子，人生之路都要靠自己一步一步坚实地走下去。假如哪天，你们能告诉我：我在或不在，都没有关系。你们知道怎样坚定地朝向美好，那时的你们，才是我最希望看到的！

我希望你们能继续成长，一路花开，一路美丽！

有的同学在问我，我们的一等奖到底是第几名，尽管这真的不重要，但我还是愿意告诉大家：你们是第一，是所有班级里分数最高的！

此时此刻，荣耀是属于你们的，属于我们每个人，你们是冠军，真正的冠军！

来，让我们一起喊出我们此刻的声音：我们是冠军！

在此，针对这个发言做一个简单的阐述。在这次微班会上，我的这个发言指向如下教育目标：

1.利用班级的成就感，激发班集体全体成员的凝聚力，这是毋庸置疑的。

2.不是停留在成功与喜悦这一浅层次的体验上，而是引导学生分析和关注成功的原因。唯有这样，明白了成功的原因，才会有下一次的成功。

3. 利用学生沉浸在喜悦的情绪中，把握其内心的接纳度更高这一好的教育机会，适当指出班级发展的阶段性问题，推动班级向新一轮的发展进发。

当然，本案例并非要告诉大家，面对班集体活动时，我们可以"消极怠工"，而是试图通过不同的角度与大家分享我的看法。

班集体活动理应慎重对待，认真组织。从预案制订到前期准备再到具体过程，我们应该激发学生的参与热情，提出具体的参与方案，并始终与孩子们在一起，共同参与、体验这种成功的喜悦，从而满足班级生态归属的需要、力量的需要、自由的需要和快乐的需要。

但班集体活动的意义与价值，不应该只停留在感性的愉悦体验上，而应该被引导到理性成功的原因分析与对班级生态整体发展的层级分析上来，进而让班级生态产生自我调整的能力，激发班级更多的发展可能。

因而，班主任不局限于活动本身，而是站在班级生态整体发展的角度思考当下活动对班级生态发展的意义，才是较高层次的思考。

第三节　如何唤醒个体的成长动力

在强化班级生态整体活力的基础上，我们不应该忘记班级生态中的生物群落归根结底是由一个个生命个体——学生组成的。忽视个体学生自我成长动力的激发，是无法让班级生态与每个学生产生良性共振的，更会让这些自我觉醒意识偏弱的学生游离于班级生态，最终脱离班级生态。

我们必须承认：儿童天生是有强烈的成长意愿的，学习积极性很高，但儿童的成长过程并非一帆风顺，时常会体验到习得性无助感。

习得性无助是个体在最初的某个情境中获得了无助感，在以后的情境中不仅没能从这种体验和感受中摆脱出来，还将无助感扩散到生活中的各个领域。这种扩散了的无助感会导致个体抑郁，甚至对生活不抱希望。这是一种可怕的感受。在这种感受的控制下，个体会认为自己无能为力而不做任何努力和尝试，从而逐渐封闭自我成长的动力。

人在从事一项活动或完成一项任务的时候，会考虑做这件事情对自己的意义，考虑自己是否有能力完成这件事情。当确信自己有能力进行某一活动，并能取得预想的结果时，他就会积极努力地去做这件事。这种个体对自己能否成功地进行某一行为的主观判断，叫作自我效能感。只有确信自己有能力进行某一活动时，他才会产生高度的自我效能感。

有些学生产生厌学心理，不愿意去学校，不喜欢学习，害怕见老师，拒绝家长、老师乃至同学提供的帮助，很大一部分原因在于他们成长路上的习得性无助，自我效能感低下，失去对外部事物的兴趣和信心。作为教师，应该采用各种方法，让学生避免陷入习得性无助，失去起跳的力量。

一、不要让学生失去信心

自我效能感对学生的学习是非常重要的。如何才能使学生产生较高的自我效能感呢？班主任应该注重如下方面。

（一）让学生体验成功

个人已有的成功或失败的经验会直接影响个体对自我能力的判断。一般来说，成功的经验会增强学生的自信心，反复的失败会让学生形成恐惧感。拥有失败恐惧感的学生，不敢提出较高的目标，常常会放弃许多尝试的机会，也就放弃了许多成功的机会，降低了自己的效能期望。

我们习惯用一把尺子衡量所有的学生，让学生相互比较，这显然是不科学的。学生备受打击也是必然的。

所以，在班主任工作中，我时常提到以下几句话：

今天的你，是否比昨天优秀？

每天进步一点点。

做比昨天更好的自己。

不断进步的孩子，才是最优秀的孩子。

······

该改变的是我们常规认知下的"优生观"，那些在班级生态中处于"食物链"顶端的学生，我们无须将主要的精力放在他们身上。生活在"社会底层"的学生，他们唯有与昨天不够优秀的自己比，才能获得自我效能感。这恰恰是我们将班级生态与大自然的生态系统比较之后发现的最大不同：生态系统中，部分生物终将被"消灭"，而班级生态需要促使每个生命都得到发展。

我们应该给每个孩子定个阶段性的成长目标，不要太高，也不要太低，稍微跳起来够得着即可："下一次考试，你觉得通过努力比这次考试进步一点点很难吗？如果不难，试一下？""你非常棒，上一次你做到了，下一次你还能做得更好一点吗？"接下来，你要做的就很简单了：别让那些没拿到"糖果"的孩子失去信心，也让那些拿到"糖果"的孩子下一次拿"糖果"时稍微难一点。

班级评价必须将这种"是否进步"考虑进来，所以"进步小组""进步之星""刮目相看奖"等基于学生成长直观反馈的班级奖项，其地位理应等同常规的对优秀学生的评价。

调整对学生当下统一尺度的评价，以动态、发展的眼光来看待学生，这样才能让更多的学生体验到成功。

（二）多给孩子一些表扬和鼓励

鼓励之于孩子的成长如同阳光之于植物。在孩子取得进步的时候，多给他一些鼓励和表扬，让他品尝到更多成功的喜悦，同时给他提出合理的目标或期望，能够激发孩子自信和积极向上的进取力量。

很多老师说，他经常表扬学生，可是慢慢地，许多学生对表扬就无动于衷了，表扬已经大大地"贬值"，激励作用越来越小。出现这种状况，不是因为表扬本身有问题，而是教师没有利用好表扬这种有效的奖赏方式。教师在表扬学生的时候，应该秉持以下观念。

1. 表扬不是达到目的的手段，而是一种信念。

表扬是对学生良好表现的奖赏，是激励学生努力学习的动力。有的教师把对学生的表扬作为提高考试分数的手段，作为让学生喜欢自己这门课的筹码。这种表扬就是廉价的，久而久之，学生和教师都会对表扬感到疲惫。

2. 表扬是真诚的。

研究发现，有的教师在表扬喜欢的学生时，是真诚和自发的，说的时候会微笑，并表扬真正的成就。这些教师对他们不喜欢的学生，表扬的频率并不少，但通常不是温暖的、非自发性的，经常表扬的是学生的外表或行为本身而不是成就。教师表扬的频率和学生取得的成就并不是呈正相关的，只有那些发自内心的、真诚的表扬，才会真正激发学生学习的动力。

3. 表扬真正值得表扬的成就。

如果学生经过自己的努力解出一道数学难题，受到老师的表扬，他就会认为自己的努力很值得。还有一些教师不是为了表扬学生的成就，而是为了提醒其他同学，其效果也不会太好。

表扬是班主任工作中的一项非常重要的艺术。好的班主任，都是善于表扬人的。

很多年前，我的班上转来一位新生，一个很不一样的新生。

之所以说她不一样，是因为她是个成绩原本很好，但因为玩游戏而偷偷花掉几千块钱、与原学校班主任势同水火、一周只去两三天学校、最终成绩一落千丈只能休学在家的降级生。

她的妈妈将她送到学校时说："老师，我没什么其他要求，只希望她能来学校上学就满足了。"

我也着实头疼。她到学校的第一天，我便想找她聊几句。

坐在我面前的是一个安静得有点勉强的女孩子。从她的表情里，我就能读出她内心对老师的强烈排斥。

我说的第一句话是："你真棒！"

她有些懵。"知道老师最在意什么吗？修养！与你第一次见面，你就让我觉得你是一个非常有修养的女生。刚才进老师办公室的时候，你做了两件事：第一，你是敲门进来的；第二，你搬了个凳子让妈妈先坐。就这两件事，老师就喜欢上你了！"

她便如释重负，脸上明显舒展开来的表情告诉我：她也喜欢上了我这个老师。

一番话过后，她离开了办公室。离开时，她顺手关上了门。

后来，她不仅喜欢上学，还喜欢上了学习。

一年后，她考上了全市最好的高中。其实，每个孩子都想积极向上，只是基于家庭、社会、学校的各种难以追溯的偶然事件，一次又一次地让孩子们学会了对抗家庭和老师，这也阻碍了他们的自我成长。很多时候，我们并没有找到激发他们内在自我成长动力的机会。只有当我们有心或无心地从那些细节中激发他们对自我成长的渴望，一切都会水到渠成。

二、让"糖果"多飞一会儿

行为科学研究表明，一个人如果受到正确而充分的激励，就能发挥其能力的80%～90%，甚至更高；在长期得不到激励的时候，仅能发挥其能力的20%～30%。教师如果能根据班级学生情况，巧妙运用教育学、心理学的基本原理，对学生进行激励教育，则能让学生产生较高的自我效能感，拥有成长的动力。

（一）给予学生更多的"糖果"

我使用较多的激励方法如下。

1.情感激励法。

感人心者莫先乎情。教师应根据学生情感需要，通过满足学生的某种需求，激发他们积极向上。"没有学生心灵的唤醒，没有学生精神的参与，就没有真正的教育。"作为教师，应走近学生，了解学生的情感世界，让学生感受到教师的爱与真诚，体会到教师对他们的精神关爱。一旦将学生的情感调动起来，他们就会产生强烈的情感共鸣，从而自觉地跟着教师前行或按教师指引的方向前进。

2. 目标激励法。

学生对自己的前途、未来往往抱着积极和美好的期待。教师必须紧紧抓住这一点，要像爱护自己的眼睛一样爱护孩子的美好愿望和理想。在具体工作中，要进一步美化学生的理想，利用教室布置、板报等形式"常看、不忘、对照、奋斗"，并在每个学生的心海树起一个永远闪亮的灯塔，看到为之努力奋斗的方向。

3. 成功激励法。

成功的体验能给人巨大的鼓舞。因此，无论学生在哪一方面取得了成绩，教师都要给予真诚的肯定和鼓励。例如，学习取得优良成绩、顽强拼搏赢得成绩、能歌善舞等，只要学生有了成绩，就一定要设法强化他们的成功体验，唤起他们"更上一层楼"的愿望。鼓励时，要特别鼓励那些经过努力而有显著进步的中等生和学困生。具体工作中，教师要注重寻找中等生、学困生的闪光点，对他们取得的点滴进步，都要及时给予肯定与表扬，尽量放大他们的成绩，使他们体验到进步的快乐，唤起久违的自信心，激发他们的进取心和奋斗精神。

4. 评语激励法。

学生天性爱受表扬，老师几句鼓励的评语，会形成一种无形的力量，如用赏识的眼光和心态批阅学生作业，从中寻找闪光点；用赏识性的语言进行肯定性评价，点燃学生的进步之花。学期结束时，教师给学生写的肯定性评语，既会引起学生的重视，也会吸引家长的目光。

（二）让"糖果"飞起来

对孩子来说，没有比拿到一颗辛苦得来的糖果更开心的事；对于有了目标的孩子，没有比实现目标更有成就感。但糖果再多，总有吃腻的那一天。

班主任工作中，对于学生的一次性评价是非常多的。这种简单、直接的激励机制，缺乏可持续性。我不否定教师对学生的激励作用，但是一次性评价与奖励对学生的持续性追求和进步意义甚小。

因而，如何让"糖果"多飞一会儿，让学生的目标具有可持续性，是一个值得思考的话题。

基于小组竞争管理模式的自主管理体系，通过个体评价与捆绑式评价实现的量化以班本货币或校本货币的方式呈现结果，在期末的时候兑换精神与物质奖品，这实际上就是一个持续性评价与奖励的机制——能激发学生持续地的实现自我价值。

那么，如何建立具有不断升级性质的有"梯度"的目标与奖励机制呢？

表2.1　C53班综合考试"功名"晋级

姓名	目前功名	总积分	下一级	晋级所需积分
吉珍慧	贡士	6	进士	3
贺颖琦	举人	4	贡士	2
徐筱颜	秀才	3	举人	1
曹雨晴	举人	4	贡士	2
冷昫	秀才	3	举人	1
王悦丁	秀才	3	举人	1
金逸鸣	举人	4	贡士	2
罗晓蒙	秀才	3	举人	1
徐依蕾	举人	5	贡士	1
……				

这是一个很奇怪的表格，对吧？可结合下面这份规则来看。

C53 综合考试功名晋级游戏规则

一、积分规则

1. 每次考试班级前 5 名积 2 分，平均分为 90 分的其余同学积 1 分；

2. 相对上次考试来说，在学校排名中上升 25 个名次的积 2 分，15 个名次的积 1 分；

3. 特殊情况由班委会商量决定。

二、各功名等级升级所需积分数

表 2.2　功名等级与所需积分

功名	晋级所需积分
平民	0
童生	1
秀才	1
举人	2
贡士	2
进士	3
传胪	3
探花	3
榜眼	4
状元	4

C53 班班委会

2014 年 9 月 25 日

这个小小的游戏化的目标与评价规则蕴含了什么样的秘密呢？

1. 通过步步升级的方式，体现目标与评价的持续性，实现持续激发学生自我价值的作用，因此，这个游戏规则在我的班级实行了三年。

2. 设计规则时，重点设计了进步名次这一考量数据。我希望它对成绩较好和成绩不太好的同学都能起到评价与激励的作用。

3.有比较高的象征意义：每个同学的"功名"上升一级，我都会在班级郑重宣布，同时隆重颁发证书。

这份小小的游戏规则，达成让每个孩子都有机会得到持续性激励的目标，实现持续性的自我价值，推动学生自主发展。

有老师指出，学校不许排名，但在当下的教育环境中，这是一个公开的秘密。当然，若回避这一话题，如采取等级制，动动脑筋一样可以实现同样的教育效果。

在学科学习上，我们依然可以采取这种方式，看看下面这份表格。

表2.3 C53班数学学习晋升

姓名	军衔	距离升级积分	升级军衔	积分
吉珍慧	上尉	3	少校	11
贺颖琦	中尉	2	上尉	9
徐筱颜	少尉	2	中尉	8
曹雨晴	上尉	2	少校	11
冷晌	中尉	2	上尉	9
王悦丁	上尉	2	少校	11
金逸鸣	中校	4	上校	17
罗晓蒙	中校	4	上校	17
徐依蕾	少校	3	中校	14
郭佳曦	少尉	2	中尉	7
左军	少校	2	中校	15
……				

我们必须结合下面的游戏规则来看这份表格是怎么操作的。

C53数学学习军衔晋级游戏规则

一、积分规则

1.每次数学考试100分的同学积3分，95分以上积2分，90分以上积1分；

2. 每次考试相对前一次考试来说，进步30分以上的积3分，20分以上的积2分，10分以上的积1分；

3. 特殊情况酌情积分。

二、晋级上一级军衔所需积分

表2.4　晋级所需积分

军衔	晋级所需积分
列兵	0
上等兵	1
下士	1
中士	1
上士	1
少尉	2
中尉	2
上尉	2
少校	3
中校	3
上校	3
少将	4
中将	4
上将	4
元帅	5

这个小小的游戏化目标与评价相结合的规则蕴含的秘密和前面的功名晋级基本一样。

也有老师提出：在上面的两份表格中，成绩差的学生不可能总是进步，对不对？那么，当他不能进步时，这两个游戏对他来说是否就失去了意义呢？

其实，当那些成绩不好的学生没有很大进步的可能性时，在他的身上会发生什么？我的游戏规则有没有他可以获得的积分奖励呢？这不是一个很烧脑的问题！大家可以思考下。

总结与反思

我们时常提到这句话：以学生为中心，让学生站在班级中央。

班主任需要把学生的发展作为班级管理的根本，时时处处把学生的发展放在首位，从学生的立场和角度开展工作。

班主任应该和学生平等地交流，学会倾听来自学生内心深处的声音。班主任要尊重学生的个性差异，理解学生的观点和需求，支持学生的表达和行动。班主任应该是学生的朋友，尊重、理解和支持学生。班主任还应该密切关注学生的言行、情感、心理和诉求。班主任更应该是学生的亲人、同行者、呵护者和服务者。

但若仅仅是这样，依然是不够的。

俄国著名心理学家布朗芬布伦纳（Urie Bronfenbrenner）提出的生态系统理论的核心观点是：个体与环境必须被看作相互塑造的系统，每一方都随着时间而改变，且对另一方的改变做出反应。

基于这一理论，我们应该更能理解"把学生放在班级生态的中央"这句话：

班主任在班级生态建设过程中，应该将学生的意愿与班级的文化建设结合起来，让班级文化承载班级生态内共有的信念、价值观，引领班级风气朝向良性发展。

班主任应该尊重学生的参与意愿，主动激发学生的参与热情，并尽可能地让学生获得成就感，拥有愉悦的体验。站在班级生态整体发展的角度思考当下活动对班级生态发展的意义，让班级生态产生自我调整的能力，可激发班级产生更多的发展可能。

班主任应该改变常规认知下的"优生观"，以动态、发展的眼光来看待学生，调整我们评价与激励的思路，建立可持续、具有可不断升级的"梯度"目标激励与评价机制，唤醒个体的成长动力，实现与班级生态的良性"互赖效应"。

诚能如此，班级生态的整体活力将得到最大可能的激发，"演替最后导致建立一个更加稳定的生态系统而达到顶级的状态"。

第三章

学生成长生态中可整合的资源有哪些

生态学是德国生物学家恩斯特·海克尔于 1866 年定义的一个概念：生态学是研究生物体与其周围环境（包括非生物环境和生物环境）相互关系的科学，目前已经发展为"研究生物与其环境之间的相互关系的科学"。

1976 年，美国哥伦比亚师范学院院长劳伦斯·克雷明（Lawrence Cremin）在《公共教育》（*Public Education*）一书中提出了教育生态学这一概念。他首次提出以生态的角度看教育，从个体生命成长的角度呼吁营造良好的教育氛围，使学生在合作、理解、宽容的环境中学习，享受和谐的精神生活。

教育生态学认为，学生的成长所依托的环境不能简单以自然的物的环境来衡量，更不能只局限于教室和班级这个局限的空间，而应该以一个复合型的生态环境来讨论。我们不妨脱离班级生态这个概念来看待学生的成长生态：家庭环境、社会环境、虚拟网络、周围人群对其的影响至深至远。

如果正视"环境"对学生成长的影响，我们就不应该忽视那些来自学生成长周围环境的力量。在生态学上，我们把影响生物成长的多种多样的因素称为生态因子。这些有利于学生成长的生态因子，我权且用"资源"一词来替代。

第一节　学生也是资源吗

生态学告诉我们：同类生物之间的竞争与相互促进的关系对于其成长有巨大的意义。学生的能力对于班集体建设发挥的作用是巨大的，我们应该充分整合学生资源。

这不仅是给予学生锻炼的机会，也是减轻班主任工作压力、更好开展工作的需要。

一、学生会的，就是我们会的

孩子的特长与能力资源在我们的很多工作中都有体现：组织能力强的孩子，我们会安排他们做班干部；责任心强的孩子，我们会安排他们做课代表；绘画能力强、懂设计、有创意的孩子，在班级文化展示与教室布置等方面大有可为；文娱、体育、演讲等专项能力强的孩子，我们会安排他们做专项活动方面的事情。其实，这就是对学生能力资源的整合。

如何更好地整合学生的能力，为班级发展、学生成长提供助力呢？

学校每年都有校运会、文艺演出、学生征文、演讲比赛、篮球比赛、足球比赛等各类活动，这些活动对丰富孩子的学习生活、锻炼孩子的意志品质、提高孩子的综合能力有着十分重要的意义。当然，从另一角度讲，这些活动让很多班主任苦不堪言。我想没有几个老师能有如此全面的能力，以指导者的身份带领学生参加每一项活动吧。

所以，学生会的，就是我们会的，我们不会的，那就交给会的人。任命队长、明确核心、安排训练计划……实在不行，还可以整合朋友圈资源、家长资源、同事资源等。

善于整合的班主任常常会说这几句话。

一个字：上！

两个字：加油！

三个字：一起来！

四个字：我们能行！

五个字：我相信你们！

六个字：我不会，靠你们！

七个字：一定要坚持到底！

八个字：拼搏第一，比赛第二！

……

也许有人认为这些都是废话，但你必须常说，因为学生处于心理成长的定型期，其不成熟的心理机制必将导致他们经过一段时间之后产生倦怠感，而老师的关注和鼓励就成为他们坚持下去的动力。

作为班主任，一定要学会看淡比赛结果，看重活动或比赛对孩子成长和班级整体发展所能起到的积极作用。

不能孤立地看待一个活动或者一次比赛，比赛之前的鼓励、比赛之中的全程参与及比赛之后面对结果好坏的相应鼓励、总结与迁移也同样是重要的资源。

胜不骄、败不馁，将活动的精神价值迁移整合到班级事务的其他方面，这个活动的价值才能得到更好的体现。

我是一个狂热的篮球爱好者，按理讲，我们的班级篮球赛，我应该全程参加。最初参加工作的几年，在一所篮球文化非常浓厚的学校里，我确实是这么做的。我带出的好几届学生每到九年级就会在举行的篮球比赛中拿到名次。但后来，我没有那么做了。因为一个偶然的机会让我发现，这么做，学生的能力没有得到充分的锻炼，我剥夺了学生成长的机会。

几年前，我因打球受了一次严重的腰伤，所以无法再跟学生天天混在一起打球。于是，我让班级中一个狂热的篮球爱好者小刘全程处理这件事情，自己只是叉着腰说上几句正确的废话。

小刘是个"官二代"，从小到大一路顺风，受不了多少委屈，逆商较低。他喜欢篮球，喜欢艾弗森达到痴迷的程度，七年级的时候，一手漂亮的运球就有模有样了。

八年级时，我因伤不能再陪学生打球，就对小刘说了一句话：我不行了，要靠你自己！于是，在那一年里，他学会了责任、担当，学会了组织同学周周练习。

但平庸的班级整体实力让他们在非常重要的九年级篮球赛中铩羽而归。他哭过之后说了一句话：没关系，九年级了，篮球打不过他们，我们学习成绩上见分晓！于是，在他的带领下，孩子们开始了另一种奋斗。

我们应该将事情交给孩子，把责任和担当交给孩子，也就相当于把成长的机会交给了他们。我们要做的，是陪伴和鼓励。缺乏成长机会的孩子，永远不可能长大！

其实，文娱活动如此，演讲比赛如此，其他活动也是如此，将学生的兴趣、爱好、特长和能力整合到我们工作中的一些具体事务中去，既能帮我们解决班主任自身在某个方面能力不足的问题，也为孩子和班级提供了一次成长的机会。

倘若我们再将自己的思维扩宽一点，不只是拘泥于活动或者比赛，学生还有很多能力可供我们发掘。

二、优秀的学生是我们的资源

每个班级都不缺优秀的孩子，他们的榜样作用是无穷的。所以，我们常常会在班级培育中重视他们，表扬他们，让他们成为全体同学的榜样。其实，这是一种借力，是对优秀学生资源的利用和整合，助力学生的个体成长和班级发展。

但是，我们不能忽视的一个问题是：部分优秀的孩子往往在得到老师反复表扬和强化成为榜样的同时，离学生群体越来越远。当一个班集体发展达不到良性状态时，这些孩子就成为学生心目中的另类。他们孤立于学生群体，对班级发展所产生的作用也就微乎其微了。

很简单，我们只是塑造榜样，而不是整合榜样的资源。

这两者是有区别的。"造神运动"之所以容易失败，其原因在于：神是漂浮的，是没有根的，是超乎一般学生的认知和能力所及的，失去了成长的土壤。

基于对班集体整体发展的考虑，我们最需要的，不是完美无缺的榜样，而是随处存在的榜样。讲礼貌、肯努力、能吃苦、与人为善、诚实守信、胜不骄败不馁……这些都是我们最重要的榜样资源。他们无处不在，是真实的，这些优点可能存在于每个孩子的身上。发现并利用好这些优点，就是一笔丰厚的整合资源。

我的原则是：就事论事和不神化个体。所以，我常说的几句话是：

嗯，真不错！

继续加油，你还可以做得更好！

××、××、×××等几个孩子今天做了一件不错的事情……

尽管你在某些方面还不是太好，但是在这件事情上，你比大多数人强！

如果这个你都可以做得这么好，在其他事情上呢？你可以吗？

……

我所要表达的意思有三层：其一，给学生以继续进步的余地，也给自己的表扬留有余地；其二，我相信群体的榜样力量比个体的榜样力量更强；其三，倘若学生在被表扬某一方面的优点之后洋洋自得，而忘记了自己还有其他问题，对孩子的成长，尤其是班级中的中等生、学困生的成长没有什么好处。

所以，孩子们对我的表扬会一直有所期待：如果自己能做得更好一点，也许就能得到更好的表扬。

但是在某些方面优秀得让人吃惊的孩子总是存在的，也许时间久了，他们的优秀会让你觉得你不需要为他们做什么了。不过，你不能忽视他们，不能认为就算你不为他们做任何事情，他们也会一直优秀下去。

我的一位班长，七、八年级整整两年都很优秀，可到了九年级第一学期，他突然开始出现各种状况。我茫然不知所措，最终的答案来自他自己："老师，所有的老师都知道我优秀，所以很少有人会关心我心里怎么想，我似乎在你们的心里缺少了存在感。我想，也许我变坏一点，出点事，你们就会注意到我的！"

每个人都会寻找他的存在感，我们在强调发掘每个孩子身上闪光点的同时，不能因为某颗星星已经足够闪光了，就忘记帮他擦拭漫漫成长路上被灰尘悄然蒙蔽的眼睛。所以，班主任的沟通工作必须是覆盖全体的，不要经常性地存在死角。

倘若你的班级中真的有"神"，有一些各方面都完美得让人惊叹的学生，那么恭喜你，这是一件很幸运的事情。

我现在所带的班级就有这么一个男生，他是女生心目中的男神。他有着强大的自我成长动力，每天积极向上，努力成长；班级的大小事务和各项活动，他都积极参加；他懂得照顾每个同学，人际关系非常好，不管是评优还是班干部选举，总是全票通过；他的成绩非一般地好，却非常谦虚，对每个向他请教学习的同学，他总会说："我们一起探讨。"

这样的资源，我不可能不加以整合利用。班级 QQ 群我交给他打理；大部分班级事务，交给他发布和处理；同学有心事，我有意引导他去应对；部分学生的问题，引导他去沟通……我的班级里有一位成长稍慢的学生跟他住一个小区，他帮我引导其思想成长，带他在暑假的每个下午骑车远行，手把手教他学习，甚至还会帮我发掘那个学生身上的优点。

可想而知，这样的学生，在班集体里起到的作用有多大！

但重点是，他不是我一手塑造出来的，而是进入初中以后，其内心强大的自我成长动力和良性的班级发展让他一步步拥有了这种在班级学生中的地位。他不是我造出来的"神"，而是在良性班级的土壤里扎根成长起来的。

我很少去表扬他，跟他探讨更多的是男生的成长、人生观与价值观，是理想、梦想和幻想。

当然，很多时候，平凡的"神"会让更多学生产生模仿的意愿。

所以，我在带班时，会注重平凡的"神"的发掘与塑造。

平凡的"神"又是什么模样呢？

1. 某一方面做得突出的同学，如在宿舍里把被子叠得不错，这样的学生适合做宿舍内务管理。

2. 短时间内进步大的学生和长时间内一直在进步的学生。这是最能影响到学生成长，尤其是潜能学生成长的。这样的学生往往最具有未来发展的广阔前景，因为他们在进步。

3. 愿意为班级付出、做出微小贡献却能持之以恒的学生。在我的班级里，我会引导学生以点赞墙的方式挖掘和公示表扬。

4. 有优势科目，但当下还偏科的学生。这种榜样的塑造，既是对该生的一种激励，也是对其他同学的一种督促。

……

综上所述：榜样资源是学生资源中的重要组成部分，但不应该是班主任简单地人为塑造出来的，而应是基于学生个体自我成长而产生的。这种资源是班级全体学生都呈现的，不是单一学习优秀标本，而是终身发展和教师多元评价观的体现。

如何利用优秀学生的榜样资源是个很需要智慧的问题。学生个体与个体、学生个体与班级整体、班级整体与学生个体之间的榜样效应如何发挥，有如下几种技巧。

1. 语言示范，即以适度表扬的方式在班级中树立榜样。

2. 个体结对，即以自愿、一对一的方式，将两位优势互补的学生组合在一起，通过长时间的相互影响产生效应。

3. 小团体示范，即将有普遍优点的学生小团体挖掘出来，引导更多小团体的良性发展。

4. 榜样公示，即将部分有充分说服力的榜样学生以张榜的方式呈现，确定其地位。

……

温馨提示：对于小学生来说，表扬就是动力，但在不经意之间的表扬对初高中学生来说，比"明目张担"的表扬更有意义。

相信每个班主任都有自己的一套方法，但我更相信潜移默化的作用。在构建班集体良性舆论和氛围的前提下，教师身、言、行所产生的引导力对学生的自我成长能发挥更大的效用。

在班主任工作中，学生中可供我们整合的资源有太多。再次借用那句高大上的话：没有学生生命在场的教育，是没有意义的！学生既是班级生态中最重要的内部成员，也是最重要的帮手，更是一种难得的教育和工作资源。因而，我们不能忽视学生的存在，不仅要整合学生资源，更要利用学生生命在场的契机，让学生在整合的过程中获得成长与发展的机会。整合不是目的，创造成长与发展的机会，才是我们的目的。

第二节　家校沟通误区与家长资源在哪里

家庭不仅是学生日常生活的场所，也是学生完成初级社会化的重要场所。家庭不仅是学生在校学习的延续和支持系统，还承担着独特的社会教育责任。家庭通常是儿童学习社会规则、文化习俗、思想和情感等的来源和动因。家长既是孩子学习的积极榜样，也可能成为孩子学习的消极榜样。

家庭是孩子从出生到当下生活时间最为漫长的生态，其对他们成长的影响远远超出当下班级生态带来的影响。

我们有时候能看到相当大比例的学生对家庭生活和家长有排斥心理，这是家庭生态对其影响巨大的证明：不良的家庭生态让孩子对家庭生活产生排斥，进而影响其成长。

正因如此，注重家校联系，形成家校合力，是做好班主任工作的重要一环，更是促进孩子健康成长的必然。

然而，在当下的教育大生态系统下，家校关系已然被"妖魔化"。在网络、报纸、电视等媒介的新闻报道中，我们经常能看到某些家长对抗学校、打骂老师等新闻，似乎现在的班主任与家长之间不再是彼此尊重，而是相互对立的关系。

这些事件有时候确实是由于部分老师缺乏班主任工作经验和技巧，甚至可能是师德、师风、处理问题的能力有所欠缺，但更多的可能是部分班主任并没有意识到家校沟通的重要性，没有摆正自己与家长的位置，不善于与家长沟通。

部分班主任谈家长"色变"，将自己定位为服务者；或者唯唯诺诺，对家长言听计从，按家长的意愿行事，从而导致在工作中不敢发力，生怕让家长有想法。这种情形下，要想形成家校合力，整合家庭生态里对学生成长有利的资源就非常困难了。

作为班主任，我们该如何破局呢？

一、探寻家校问题本质

首先，让我们从如下问题开始思考。

其一，家长是局外人？

学校教育并不是教育的全部，家庭教育与社会的影响同样非常重要。因而，家长不应该是局外人，而应该是我们的合作者与合伙人。只有我们和家长携起手来，共同努力，方能形成教育合力。

其二，是我们从属于家长，还是家长从属于我们？

大多数的家长对教育的认识来自对自己孩子的教育思考或是少量的学习，而班主任则不同，长期的工作让我们对教育或多或少有着比家长更深刻的理解。

尽管我们不能全盘否定家长的认识，毕竟他对孩子有比我们更多的了解。但是大多数家长由于主观感知因素并不能完全正确地评价自己的孩子，所以我们至少应该让家长接受我们的意见和看法。两者之间，应该是合作共赢的关系。

其三，是教育这项工作的问题，还是我们工作方法的问题？

个别班主任在因家校沟通不畅出现问题时，第一时间并没有反思自己的工作，而是对教育悲观、失望。我们在悲观和失落的同时，更要好好反思自己的工作，更多的问题可能出在我们自己身上。

问题出在哪里？

我想下面的几个误区，或午是我们应该避免的。

误区一：招之即来与挥之即去。

很多老师平时很少与家长沟通，只是当孩子出现问题以后，才会打电话通知家长过来处理，可谓"招之即来，挥之即去"。这会给家长以不尊重的感觉。同时，由于不经常联系，孩子表现的突然转变让家长没有心理准备，以至于家长在孩子出现问题以后不能理智、正确面对，这不利于问题的处理，更不利于良好家校关系的建立。

误区二：言听计从与阳奉阴违。

部分教师由于社会整体环竟与家长的强势态度，在家校关系中处于被动地位，对于家长的要求言听计从，生怕家长有意见。这样只会让部分素质不高的家长得寸进尺，自己的工作处处被动。还有部分教师出于应付，表面上为了迎合家长，展现给家长非常好的态度，但事后却按照自己的意愿行事，给家长不真诚的感觉。

误区三：报忧不报喜与报喜不报忧。

有些老师在家校沟通工作中做得最多的事情就是给家长打电话"告状"，告诉家长孩子在校的一些不良现象，希望家长予以帮助。还有一些老师为了让家长高兴，只有在孩子表现好或者获得奖励和表扬时与家长联系，以此获得家长的欢心。这本身无可厚非，但如果班主任"只报忧不报喜"或"只报喜不报忧"，会留下严重的"后遗症"。长期只报忧，会让家长觉得他的孩子在校表现一塌糊涂，在老师心中没有地位，进而怀疑教育的公平性；长期只报喜的话，会让家长忽视对孩子的关注，而孩子的表现一旦出现波动，家长则会无法接受，以致产生家校矛盾。

误区四：盛气凌人与息事宁人。

当出现家校矛盾或者沟通问题时，个别老师不能正确面对家长的质疑，一味推脱自身的责任，不能坦诚接受家长的意见，甚至将自身置于至高无上的地位。与之相对比，面对过于强势的家长，部分教师出于息事宁人的原则，一味退让，承担了本不该承担的责任，看似将矛盾化解了，实际上为以后的工作留下了隐患。

总之，面对学生的成长生态，如果没有整合资源，只是站在自己的角度考虑问题，这显然是不对的。

二、理性辨析家长类型

在家校沟通中，我们的工作对象是家长，所以，只有充分了解家长，才能有针对性地开展工作。因此，我们必须了解和分析家长的类型及其相关行为的心理成因。

（一）彼此信任型

这种类型的家长本身有较好的个人素质与教育理念，能明白班主任的难处，能信任和支持班主任的工作。

这种类型的家长，几乎不用班主任为之劳神，只要班主任认真做好自己的工作，他们就会无条件地支持我们。

（二）漠不关心型

部分家长由于忙于事业，对孩子失望或者完全不关心孩子，他们几乎从不与老师沟通，也不会提任何的个人意见与想法。

面对这种类型的家长，我们切不可掉以轻心、忽略不计，反而要时常跟他们联系，从引导家长关注孩子、关注教育的角度下功夫，力争让家长成为我们工作的有力助手，方能预防孩子出现重大问题。

（三）好高骛远型

有些家长出于"望子成龙、望女成凤"的愿望，总会对孩子提出过高的希望与要求，往往特别在乎孩子的成绩，希望他们短时间内就取得巨大的进步，但却忽略孩子其他方面的发展。

成绩稍好孩子的家长更容易出现此类问题。他们急功近利，一旦没有达到他们的要求，就会质疑，对我们的工作造成很大的压力，也让孩子背负沉重的负担。

这种类型的家长往往处理不好家校关系。帮助他们改变教育理念和教育方法，形成对孩子正确的评价机制，是我们必须做的事情。我们只有用足够认真细致的工作赢得家长的信任，才能向他们谈及教育理念和教育方法。

（四）百般宠爱型

个别家长对孩子过于溺爱，捧在手里怕融了，含在嘴里怕化了，生怕孩子吃苦受累。他们也会挑剔学校的各个方面，针对大事小情提出很多的意见与建议。对于正确的意见和建议，我们当然要听取与接受，但是有时我们不得不花大量时间、精力去应付他们，得不偿失。同时，改变他们的观念很难。我们不妨从建立良性的家校关系开始，再一步一步地改变他们的观念。

（五）固执己见型

教育工作者、高文化人士、有独立个性与思想的家长最容易出现这种问题。

他们由于对教育有自己的理解和领悟，会固执地认为自己的教育方式与方法是正确的，听不进班主任的意见和建议，并时刻提醒班主任按照他们的方式和方法开展工作。

面对他们，我们不能言听计从，相反还必须争取家长的信任，让工作回到正确的轨道上来。这需要我们有足够的理论知识武装自己，有良好的工作业绩证明自己，有良好的交际沟通能力来展现自己，更需要有坦诚的态度来面对他们。

（六）强势莽撞型

个别家长自身素质不高，有性格缺陷，道德水平低下等，一旦孩子的教育出现问题，不会冷静思考而是采取过激的手段。

这种类型的家长是很少见的，但现实中是存在的。平时的工作中，我们应该注意与这种类型的家长多沟通，力争赢得他们的尊重。当问题出现后，我们不妨坦诚面对自身的问题，勇于承担责任，不卑不亢，有礼有节。危急的时候，明哲保身是我们必然的选择。

可以看出，家长类型众多，思想复杂多样，要想真正地让所有的家长信任与支持我们，确实难度不小。但要意识到，每个家长的内心最真诚的渴求是为了自己的孩子，这跟我们并没有本质上的利益冲突。矛盾则产生于家长的不理解和我们没有正确地进行引导与沟通。

三、智慧"搞定"你的家长

整合家长资源之前，我们必须与家长达成共识，相互信任，建立较好的家校联系。这是达成教育目的和实现家长资源良好整合的前提。那么，如何建立良好的家校关系呢？

（一）善于沟通

在具体工作中，我们必须做好基本的沟通工作。

我们可以尝试在开学时、期初或期末时给家长写公开信，尤其是刚接手班级的时候。

千万别忘记抽空给家长打个电话，尤其是住读学校，学生长期与父母的分离让家长对自己孩子状况的了解几乎为零。我们可以聊一聊孩子最近的思想动态、生活趣事、进步与退步等，不能非要等到出了严重问题才想起把家长请到学校来，也不能只向家长报喜不报忧。

如果你觉得这样做还没有达到深入沟通的目的，没有解决更深层次的问题，我们可以考虑给家长普及一下教育的正确理念，让家长不只是关心孩子的学习或者生活，还应该学会关心孩子思想的变化与成长。通过社交软件、家长会、课后沟通等各种途径，大胆地与家长沟通如何正确地教育孩子，如何正确对待早恋、网络游戏、逆反心理等，在告诉他们教育的必要性和不教育的不良后果的同时，赢得家长对我们的更多信任。

如果家长不愿意沟通，我们可以主动上门家访，更好地掌握学生的家庭生活环境，便于我们找到正确的教育方法。

榜样的力量是无穷的，我们还可以让懂教育、会思考、支持我们工作的家长成为榜样，让他们现身说法。

经过多方努力，或许可以让家长成为我们真诚的朋友。

（二）不妨来点兵法

正如每个班级总会有几个所谓"刺儿头"的学生一样，家长中也会有那么几个"刺儿头"，来点"兵法"也是必要的。

1. 以德服人和以柔克刚。

如果你比家长年长，不妨像一个长者一样与家长沟通，只要你德高望重，家长总会给你留几分薄面。如果你比家长年轻，那么你可以嘴巴甜一点、语气亲切一点，让家长平白无故地多一个弟弟或者妹妹，我想他应该是不会介意的。万一你是帅哥或者美女，那不妨拿出属于年轻人的魅力与气质，让他们感受到你对教育的澎湃激情与活力。

2. 明修栈道与暗度陈仓。

有没有喜欢喝茶的家长？有没有喜欢运动的家长？有没有喜欢健身的家长？有没有拥有其他爱好的家长？哪怕你不喜欢，你也可以尝试邀请他一起去做他喜欢做的事。悄无声息中，沟通就开始了，天南海北、天文地理、社会百科无所不聊，在无比投缘的气氛下再开展工作，家校关系则变为了朋友关系。"随风潜入夜、润物细无声"，或许就有意想不到的收获。

3. "敌"进我退与"敌"退我进。

当家长正在气头上时，我们应该不卑不亢地面对，并稍加退让，给家长一个发泄情绪的机会，但要坚持自己的正确意见和想法。我们应该抓住一些难得的机会去展现因对孩子的关爱而表现出来的魄力。

4. 适度示弱。

俗话说，"人心都是肉长的"，而我们似乎习惯了坚强地面对所有的学生和家长。因此，不妨让自己稍微"柔弱"一点。当你与家长沟通而又十分疲惫时，不妨坦诚一点，让你的劳累自然地挂在脸上；你也可以创造机会让家长看到你劳累的身影，或让家长来学校观摩你一天的工作。或许当他们为我们所付出的一切而感动时，我们疲惫的身影在他们心里就会变得光辉而伟大。

四、挖掘家长资源宝库

我们应该明白，家长与班主任之间没有本质的矛盾冲突。相反，若深究一下，两者应该是和谐统一的：一切都是为了孩子的成长。我们的工作是为了什么？是为了孩子，是为了家长的孩子。

基于这种关系的特殊性，若家长资源整合得当，它将成为我们工作的重要助力。家长应该是我们工作的重要资源，也应当成为我们的资源。

当我们拥有了良好的家校关系后，家长资源就成为一座宝库。

（一）整合家长意愿，有效转化学生问题

很多老师有这种感觉：做班主任，几乎天天都要面对学生的问题，我们有大把的后进生需要转化，有大量的学生问题需要解决，似乎我们的工作每天都在与"问题"这两个字打交道。

众所周知，学生的问题以及"问题学生"，是由社会、家庭、学校等方方面面的原因造成的。因而，作为学生生活生态的重要部分，作为本该对孩子成长有更多责任和更强意愿的家长，我们绝不能让他们不在场。家长往往有比我们更加强烈的转化"问题学生"和学生问题的意愿，因为孩子是中国家庭的希望。

家长的深度参与，是及时发现学生问题、寻找学生问题产生根源、有力解决问题和转化"问题生"的关键。

小桃是我几年前遇到的一个学生。刚接触这个学生时，我就发现他的行为动作与性格特征具有明显的女性化特质。按照网络流行语的说法，他属于"伪娘"哥。理论上讲，这属于性别偏差现象。

这样的案例比例不高，但也不鲜见。

那么，我是怎么解决这个问题的呢？

1.亮出小桃的"明性片"。

纠正学生的性别偏差，首先要让学生明确自己的性别。

我经常鼓励小桃勇敢参与冒险活动、野外活动和体育运动，展现自己"真汉子"的一面；运动会时，我鼓励所有女生为小桃鼓劲加油；还组织了关于性别的班级活动，如"男生女生谁更强"辩论赛、"你心目中的优秀男女生"等主题班会。

步伐要小，力度要轻，重在唤醒。老师要特别注意不使用强制性的措施和简单的灌输式教育，而应该引导他们自我觉察和觉醒，并做好班级舆论的导向工作，营造和谐的班集体，让同学们学会接受和包容，不能因操之过急而起到反作用。

2.细微之处见功夫。

"天下大事，必作于细；天下难事，必成于易。"性别偏差比其他问题更加敏感，我们的应对更要注意细节和艺术。我们要整合学生这一资源开展相关工作。

我经常对班级的学生说：除了偶尔的表演性行为外，对小桃不当的性别角色行为，我们要"冷眼相对"，让他感到自己的表现有误；小桃做了与自己性别角色相符的事，我们应该及时表扬。小桃今天穿的衣服很精神，某一句话说得很豪迈，主动为班级做了一件小事……我都大加赞赏。这些细节看似不起眼，但当我们重视并施以正确的引导和赏识时，完全可能激发其内在的自主成长动力，成为其自主成长的又一契机。

3. 相信震撼的力量。

随着社会的发展，社会上的一些不良流行文化对学生的性别意识产生了很大的影响，"伪娘"明星与"真汉子"歌手成了所谓的偶像。成人世界的时尚潮流光怪陆离，这对辨识能力不强的孩子来说有很大的消极影响。所以，要适时举行有震撼效果的主题班会课，引导学生形成正确的"偶像观""时尚观""男性观"与"女性观"，提高学生的审美能力，形成正确的审美情趣。

对于体育活动、野外活动或者有挑战性的活动，小桃经常逃避，这是最挑战班主任智慧的。我只能以集体的鼓励、老师和同学的陪伴来帮助他完成，采用诸如"背水一战""置之死地而后生"等话语，鼓励他发挥大无畏的男子汉精神。

当他遇到成长障碍的时候，我会辅以适当的沟通与心理辅导，经常性地引导小桃主动展示内心的困惑和遇到的困难，接纳他的情绪，引导他积极改变，鼓励他勇敢地面对周围环境带给他的影响。

4. 父母是孩子最好的老师。

几乎所有的性别偏差都与家长的影响分不开。部分孩子的性别偏差来自家长不正确的性别观念，"把女孩当男孩养"或"把男孩当成女孩养"成为个别家庭的不自觉行为。小桃也不例外。我从与小桃妈妈的沟通中了解到，正是由于小桃的家庭成员特别喜欢女孩子，所以在小桃的成长过程中倾注了太多女性化的元素。因而，小桃问题的解决，争取家长的理解与支持是必不可少的。

我在取得了小桃妈妈的信任之后，非常明确地跟小桃妈妈叙述了"性别偏差"这一问题的形成原因和对孩子成长不利的相关理论与实际案例，明确地告诉小桃妈妈，这个问题的解决是一个长期的过程，没有她的配合，不容易解决问题。

我开始让小桃妈妈学会在小桃面前"示弱"，慢慢改变小桃的成长环境：

通过对衣服式样、颜色、房间布置风格、电视节目、音乐、书籍、兴趣特长的选择等，自然地让孩子拥有正确的性别获取环境。

同时，要求小桃爸爸多陪伴他，鼓励小桃多参加力所能及的体力劳动……

这些工作，没有家长的配合是无法完成的。正是有了家长的配合和支持，三年以后，小桃的行为与性格上的女性化特质慢慢减少，开始变得坚强而懂事。

形成性别偏差是一个长期的过程，纠正工作也是长期、反复的，我们要有信心和恒心，要学会等待，不能急于求成。

所以，良好的家校联系能实现家长与学校的有效沟通，在良好沟通的情况下，我们才能实现良好的配合，从而有效转化学生的教育问题或"问题学生"。

值得注意的是：对于学生问题和"问题学生"，我们切不可在没有深入寻找其背后原因的前提下，以自己的主观意愿实施强力的干预，这样往往会带来危害更大的负面影响。在面对问题、分析问题本质、解决或化解问题的三部曲中，分析问题则重要得多。

（二）整合家长群力，助力班级管理与发展

日常管理中，常见的一个误区是：班级生态建设仅仅是班主任和任课老师的事，仅仅是班干部和学校的事。我并不这么认为。就班级管理和发展的某些方面和角度而言，家长同样是可利用的资源。

仅举一例：在如今的教育环境中，我想没有多少学校和班主任敢于组织校外活动。原因在于，组织校外活动过程中，很小概率出现的安全事件一旦成为现实，其责任追究程序非常苛刻，打击面和打击力度令学校和老师感觉压力山大。为保险起见，明哲保身的原则是排斥或不举行类似的活动，但这些活动往往又在学生的成长过程中起着不可替代的作用。

怎么办呢？我的做法是：在确定有向上一级申报活动组织手续的前提下，邀请家长参与，邀请参与的面越广越好。在对活动有充分组织、安排的前提下，我们可以让家长承担班级队形组织、就餐、活动路线维护、集合人数落实、活动安全维护等工作。

如果有组织能力强、说服力好的家长，甚至可以将活动的安排、组织、实施等完全交给他们。在每个暑期实践活动中，我会偶尔与家长商量制订孩子们的暑期事件项目和组织事项，其实施过程则完全由家长负责。

这样做，既实现了教育目的，增进了家校联系，也在活动过程中呈现了班主任工作的全貌，赢得更多家长的支持。最重要的是，一旦发生小概率的安全事故，有家长做见证人，可以部分稀释被追究的责任。

当然，这事办起来并不那么容易，需要家长主动参与，所以，良好的家校联系就成了前提。同时，班主任的发掘能力、交际能力、协调能力与整合能力也显得更为重要。

家长对班级事务的深度参与，展现了他对班级与孩子的共同关注，也让孩子拥有更温馨的班级氛围，形成温馨的教育氛围。

我相信，有了良好的家校联系，我们完全可以做得更好。

（三）整合家长能力资源，共建家校共同体

让我们先从简单的地方谈起。

小新的爸爸是个消防军官，班级的消防安全知识就交给他吧。

小蕾的爸爸是个警察，法制教育课就承包给他了。

……

这是多么丰厚的资源！而且，现身说法的教育意义远比我们单一性的说教有价值。

我们不妨继续让自己的思维拓展下去，试想：

1. 当运动场上出现家长尽情为孩子加油的身影，这对孩子们来说意味着什么？

2. 当孩子们在炎炎夏日埋头苦学时，有家长给他们赞助两箱冰激凌，这意味着什么？

3. 当某个孩子的家庭出现困难时，许多家长能站出来出一份力，这对班级意味着什么？

4.当几个从不认识的孩子家长经常坐在一起，共同关注孩子的成长和进步，彼此关心和沟通时，这对孩子来说意味着什么？

……

四年前，我接手了一个新班级——七（42）班。

李国豪是一位远离家乡的住读学生，于是戴哲远的奶奶每天下午都会做两份饭菜，一份给自己的孙女，一份给李国豪。这一送，就是两年。

就这样，两位同学建立了深厚的跨越性别的友谊。我不止一次地在家长会、班会里提到这位奶奶和这两个家庭。不幸的是，这位奶奶在孩子们读九年级时，因为脑溢血突然离世，后来，孩子们一起前往悼念。

家长资源在班级发展中的深度参与，让班主任的工作不再是孤立无援的。我们可以有一个更高追求：构建家校共同体，一个由家长、班级、班主任、任课教师、学生组成的共同体，集体着力，共同成长。

也许有的老师会说："我的班级里，家长们没有那么强大的资源和能力，所以我无法整合。"

我要重复的是，站在资源整合的角度，必须强调这句话："别人的，就是我们的！"意思是：别人有什么？我们该怎么整合？这里提供的是一种思路，一种可行性。

朴实的人，给人以安静的力量；忠实的人，给人以诚信的力量；平凡人的故事里，或许隐藏着伟大的故事……每一个家庭，每一个家长的身上所发生的故事，都有可能拥有改变孩子的力量。

做好家长资源的整合工作，重点不在于家长有什么，而在于我们是否能搞定家长这一特殊群体，构建家校共同体，进而发掘和激发家长对班级发展的参与度，发掘和整合家长资源，实现教师意愿与家长意愿的良好结合。

第三节　如何让学校成为班级成长的大舞台

对整个学生成长生态来说，学校本身就是一个相对独立的系统，其内部的生态环境同样包含各种要素。这些要素相互作用，形成学校生态环境所独有的特点，并对学校内部的教育教学活动与青少年的身心发展产生深刻影响。

让我们再次回到班级生态视角。班级生态不是学生在学校生活中所处的高层生态，它自然受到学校生态的影响。作为班主任，我们的工作自然受到学校的诸多牵制，或朝向有利工作的方向，或有悖于努力的方向。

学生在学校中要度过相当长的一段时间。既然如此，我们不妨反过来思考：学校生态对学生的成长有哪些有利因素呢？这些因素可以用来为我们的班主任工作服务吗？

生态系统与生态内部每一个构成体之间总是互相依赖的，因而，学校生态中自然存在许多对班主任来说可供整合的资源。

一、"物"即资源

生态系统中，一个重要的组成部分是非生物因素，即"物"的因素。这里我用了引号，因为我所指的物，并非固定不动之物，而是指向学校范围内客观存在之物。

学校有什么作为资源的"物"可供班主任整合呢？

（一）教室是一种资源

这似乎有点哗众取宠。

其实，我们不妨想一想，为什么要进行班级"硬文化"的建设呢？一个重要作用就是环境育人：以良好的教育氛围影响人，以有文化味的教室熏陶人。

每接手一个新班级，我总会与学生一道，共同商议装扮教室。我尝试过在教室养花、养小动物，力求让教室有家的感觉。通常情况下，我们往往重视说教的力量，却忽视了潜移默化的影响。就像我们回到家中希望家里整洁漂亮、令人舒适一样，一个干净整洁的教室同样会让学生有更强烈的归属感。

这些做法的一个前提是：你必须整合学生的资源，必须让学生参与，最好的状态是让学生作为主体，师生共同来做这些事情。因为没有学生的自主参与，学生的归属感就会明显降低。"这是我们一起完成的！"这个过程，是一个很好的增强班级凝聚力、拉近师生关系的契机。

一个整洁的教室环境和布置教室的过程也可以成为我们的一种资源，起到促进班级发展的作用。

（二）别人的班级是一种资源

也许班主任已经习惯了在自己的"一亩三分地"里辛勤劳作，但同事之间、同行之间不可避免地有一些竞争与冲突——"文人相轻"，尽管这种冲突与矛盾影响不会很大，仍会让我们产生对相邻班级的排斥。

所以，作为优秀的班主任，我们应该摒弃这种不良的思维。

无论多么优秀的班集体，都不可能具备所有能让学生成长的因素，所以我会试图从别人的班级里寻找可供我整合的、有榜样示范作用和教育意义的人与事。

榜样，自己班级有，别的班也有，甚至更优秀；有教育意义的事件，自己班里没有发生的，别的班就可能有；我的班级做得不好的，可以从别的班级里找到参照和对比的实例……

每个有经验的班主任都会有他做得出色的方面，我们应该以开放的心态来思考："他会的，我也可以向他学会。"目的只有一个：让自己的班级得到更好的成长与发展。

但有的老师容易陷入一个误区：为了借鉴别人做得好的方面，简单粗暴地贬低自己的班级，打击本班同学的积极性。学生在对比之中就会有一种能在很多家长身上觉察到的相同感受："别人家的孩子更优秀！"

这是值得注意的，因而我们的表述就很重要了：

我们班在某些方面做得很好，但 ×× 班在某些方面做得可比我们班强哦！

这件事情，我们班确实做得不好，要想我们的班级更优秀，我们要向 ×× 班级学习！

我期待着我们的班级也能出现像 ×× 班级的 ×× 同学一样优秀的同学，那对我们班级的发展是十分重要的！

……

其实，这跟表扬或者批评学生是一个道理：就事论事和着眼于本班班级生态的发展。

倘若抛弃同龄班级这一资源，那真的是有点"暴殄天物"了。

我们要力争实现合作与双赢。我带 C42 班的时候，就有过一次这样的尝试。

那是八年级下学期的时候，学生即将面临生物、地理会考。对于当地的学生来说，生物、地理是非常重要的，这两科的会考成绩将计入学生一年以后的中考总成绩，从而影响学生的中考录取结果。

我一向是个不以考试成绩作为工作唯一目标的人，但现实是，我们无法也不能忽视分数，因为这决定了学生的高中录取情况。倘若考砸了，家长不答应，学校不答应，学生也不可能答应。

作为八年级学生，他们对生物、地理会考成绩的重要性是缺乏直观感受的，因而并不是每个学生的学习积极性都很高。但是，如若老师和家长一味以说教的方式去呈现生物、地理会考的重要性，以期达到激发学生学习兴趣的目的，尚处于逆反期的学生也许并不接受，班级的学习气氛就会变得压抑、沉重，学习效果当然很不理想。

怎么办呢？

我也迷茫过，后来试图用一种特别的方式去达到我想要的效果。这个改变的契机来自一次孩子们之间的对话。

邻班的孩子："第一次月考，你们班的生物、地理成绩怎么样？"

我班的孩子："别说了，很差，我们班主任很生气，天天在班上念叨这件事情呢！"

邻班的孩子："哈哈，我们班的成绩不错哦，瞧你们，100多天后就要会考了，还考成这个样子！"

我班的孩子："你们班又不是没输过，就这么个事还值得你们骄傲啦？等着瞧吧！"

……

我找到这个学生所在班级的班主任，长期的友好相处让我们不谋而合，一项庞大的工程随即启动：两个班级的生物、地理会考迎考挑战赛。正当我们商议具体计划的时候，另一位正愁找不到方法刺激班级学生积极性的同事也要求加入，于是，三个班级开始制订合作与竞争的计划。

三个班级里，我班学生的成绩稍好，人数较多一些。经商议，三位班主任决定：以另外两个班级向我班发起挑战的方式作为预启动，再以我班向两个班级应战的方式作为回应，以此渲染气氛。

两位神通广大、有强悍调动学生积极性技巧的老师，以询问、激将的方式很快让班干部同学为首，向我们班写下《挑战书》。

挑战书

亲爱的C42全体同学：

你们好！

光阴似箭，日月如梭。一转眼，我们相伴成长就快两年了，都成为了八年级的学生。我们都知道，100多天以后，我们将迎来生物、地理会考。

或许我们都明白这次会考的重要性：它将直接关系到一年以后我们的中考录取情况，所以我想我们都应该在这个关键的时刻展现出自己的实力和良好的学习态度，为父母、为老师，更为自己的将来打下坚实的基础。

长期以来，C42 班的优秀是我们有目共睹的，正因如此，我们班全体同学决定：在迎接生物、地理会考的日子里，我们将向你们发起挑战，团结一心、奋发向上，以全班之力超越 C42 班的生物、地理成绩。我们相信，功夫不负有心人，只要我们班敢于拼搏，跨越 C42 班这座大山，是易如反掌的事情。

我想，作为整个年级非常优秀的 C42 班，你们一定会迎难而上、勇敢迎战的，可不要让我们失望哦！

此致

敬礼！

C43 全体同学
××××年×月×日

全班同学签名：

C44 班的同学也写了他们的挑战书。两位班主任还与我商议：鉴于三个班级的同学关系比较和谐，干脆让 C43、C44 的班干部带几位代表到我班公开宣读《挑战书》，并将《挑战书》制作成广告贴纸，让班级的全体同学签名并粘贴在 C42 班的教室里。

当两个班级的代表把他们的《挑战书》在我们班宣读完毕后，我们班的学生回以一个整齐的声音："切！"

我适时介入："同学们，此情此景，我们该如何回应啊？"

我想，大家一定能想到教室里"同仇敌忾"与"群情激奋"的样子。许多孩子已经展现出一副"东风吹、战鼓擂，如今社会谁怕谁"的表情。

于是，在前所未有的团结与"愤慨"中，经全体同学共同商议，我们决定迎战，向两个班级分别写出《应战书》。

应战书

亲爱的 C43 全体同学：

你们好！

收到你们的挑战书，我们非常高兴，因为你们终于鼓起勇气走出我们班一直期待的这一步。

我们非常清楚生物、地理会考的重要性，也将直面你们的挑战，全体同学会团结一致、互相帮助、敢于拼搏，在老师的指导和家长的帮助下发奋学习。

相信生物、地理会考的胜利必将属于我们。

为赢得生物、地理会考的胜利，我们有如下几条与诸君共勉。

1. 友谊第一，比赛第二；

2. 光有激情是不够的，还要有方法；

3. 持之以恒，可不要三天打鱼两天晒网哦！

衷心希望你们别掉队，让我们一起迎接生物、地理会考风雨的洗礼！

此致

敬礼！

C42 全体同学

××××年×月×日

全班同学签名：

这几条建议，是在我的干预下加进去的，这样做是为了预防可能产生的班级之间的裂痕。

之后，三个班级的教室里都张贴着一张红色的广告纸板，下方签着醒目的学生名字。它将见证孩子们 100 天的努力，三个班级的合作发展就此起步。

但到这里，老师要做的事情是否就结束了呢？

不，基于孩子们尚不成熟的心理特点，其激情是不可能持续太久的。我们需要不断加入新鲜的刺激。经过三个班主任与全体同学的共同商议，我们制定了如下竞争与评价奖惩规则。

八年级 C42、C43、C44 班生物、地理会考班级挑战赛规则

竞争分组：

以第一个月月考的生物、地理成绩作为分组标准，按成绩顺序分组，三

个班级总人数为 120 人，共分 12 组，每组 10 人。

一、评价标准

以小组为单位评价，每次大小考试，以生物、地理成绩为准在小组 10 人范围内单独排序，小组内成绩较高的前 5 人为胜利者。

二、奖惩机制

失败者要为胜利者准备一份 1 ～ 2 元的小礼物，同时在竞争活动总结大会上向胜利者敬礼。

三、分组变换

小组成员不固定。每次评价结束后，以新的成绩作为参照，按照竞争方法重新分组。

四、班级评价标准

以前后两次考试的班级平均分数为标准，用后一次考试的全班平均分减去前一次考试的平均分得到一个正负值作为评价数据，按照评价数据排定三个班级的名次，为胜利者颁发奖状。会考结束后，奖状获得数量最多的班级为胜利者。

大家一定还记得我的两个关于学生学习成绩的游戏规则说明吧？这个规则并不仅仅是奖惩规则那么简单：

（1）我希望让奖惩具备持续性激励的目的，该班级挑战活动会持续到会考结束。

（2）我希望让每个学生都有获得成就感的机会，感觉自己有获胜的希望，按照成绩分组的方式比拼。

（3）我希望那些进步的学生有持续性进步的目标，所以设计了每次考试成绩出来后按成绩重新分组的做法。

（4）我希望它有比较强的象征意义，所以每次模拟测试结束之后，会进行三个班级的比赛结果统计，在学校报告厅正儿八经地兑现规则规定的奖惩。

在 100 天的会考准备期间，这样的竞争活动一直持续。鉴于中考迎考科目的重要性，学校多次组织大小考试，三个班级的竞争评价集体班会保持两周左右一次的频率。由于同组内分数差异不大，组内成员时常变动，成绩相差较小，几乎每一个孩子都有作为胜利者在前面迎接别人致敬的机会。

哪怕是成绩很不好的孩子，他都有在同等成绩的同学分组中获胜的机会。至于所谓的两块钱的礼物，用孩子们的话说"金钱事小，面子事大"，礼物早已成为他们不关心的附属品。

在往后的日子里，班主任自发地利用这一平台开展表扬与鼓励工作，任课老师也参与进来。老师们并不需要天天念叨，孩子们也没有因复习的辛苦而感到压抑，相反，三个班级的学生都呈现出快乐高效、积极主动、奋发向上的面貌，班级生态系统呈良性发展。

这样的合作与竞争，整合了全体学生的自我成长动力，整合了三个班级学生的班级归属感，整合了所有学生的竞争意识，也激发了三个班主任与任课老师的积极性。

100 天以后，三个班级的生物、地理会考成绩都有相当大的突破，创造了不小的奇迹。更难能可贵的是，三个班级的整体面貌都得到很大的改观，甚至对九年级一整年的班级建设与发展乃至孩子的中考复习迎考都产生了很大的积极影响。

我们实现三赢乃至多赢，这不就是资源整合的魅力吗？

再后来，寻求与别的班级的合作交流，成为我的班主任工作的常规化手段。

当我们感觉自己的班级缺乏活力的时候，往往应该反省自己是否缺少激励学生的方法。班级与班级之间的合作和竞争，就是一种很好的激励方法。两个班级的学生因为对班级的归属感，在深度合作的模式下会产生强大的比拼动力，你还会担心他们不行动起来吗？

作为班主任，我们的接纳和开放心态很重要。倘若我们不能以良好的心态操作这件事情，不仅起不到激发竞争和合作的作用，反而会让合作班级之间的关系产生裂痕，甚至影响到同事关系。

合作、竞争班级的选择也很重要：两个班级的发展差异性不能太大，要有共同的发展愿景。

充分调动学生参与的积极性，没有人会对一件强加给自己、自己并不感兴趣的事充满激情。

让我们来一次思维拓展。

（1）有没有想过与同年级班级建立班级成长发展共同体，甚至让两个班级的学生深度构建一对一竞争联合体，比对成长进程？

（2）有没有想过到高年级中寻找榜样示范班集体，开展合作，并让学生从高年级合作班级中寻找自己的"偶像"？

（3）有没有想过请合作班级的班主任到自己的班级讲述他们班的故事？

（4）有没有想过让两个班级的同学合作开展学习竞争、劳卫比拼、班干部能力竞赛、生活技能竞赛等班级活动？

……

只要我们有开放的心态和协作的能力，这些活动完全可以开展起来，双赢也就水到渠成了。

（三）学校公共资源

学校为实现教育教学目的提供了必要的物质、场所和辅助设施，这同样是班主任工作中的重要资源。

我们暂且不提如运动场之类的大的设施，校园之内，诸多设施设备我们都可以加以利用和整合。

我们再尝试进行思维拓展。

其一，可供利用的场所。

（1）食堂：勤工俭学或劳动体验。

（2）门卫室或家长接待室：礼仪、礼貌教育。

（3）心理咨询室：心理健康教育与心理咨询。当我们需要时，不妨直接请相关老师介入班级。

（4）电脑教学室：资料查阅、网络利用引导。别简单地让电脑课成为摆设或者仅仅是孩子用来玩游戏的工具。

……

其二，可供利用的设施。

（1）消防设施：消防安全与教育。

（2）校园文明提示牌：文明行为教育。也可以此进行语文教学：如何改写，让人更能接受。

（3）图书馆或阅览室：阅读积累、资料查阅。

（4）绿化带与种植园：劳动体验、自然意识培养。

……

当然，这些资源并非我们时刻用得着，我只是尽可能地想找到一种开放式的思维模式以便随时可用。

（1）联系学生的成长，挖掘"物"之所以存在的价值。

（2）整合学生的可接受意愿，调动学生的参与积极性。

（3）结合必要的教育手段，如言传身教、模仿、体验等。

（4）实现学生成长意识的植根与陪伴。

诚如是，则凡"物"皆为资源。

二、人即资源

学校生态中，最不缺少的是人。领导、老师、学生、学校员工都存在于这个群体中。

德国哲学家雅斯贝尔斯在《什么是教育》中这样理解教育："教育的本质意味着：一棵树摇动另一棵树，一朵云推动另一朵云，一个灵魂唤醒另一个灵魂。"这句话已经成为对教育的经典诠释。一般情况下，我们总将那一朵云和一个灵魂定位于老师，而忽视学校生态系统中其他人的存在。

事实上，每一个"灵魂"都有着独特的推动力量，就看我们有没有一双善于发现的眼睛和一颗善于整合的大脑。

（一）让任课教师成为唤醒灵魂的灵魂

班主任并不是对学生进行德育的唯一人选，即使是最优秀的班主任，也不可能完全赢得学生对自己的最高信任和佩服。

学生基于性格、对科目的兴趣不同等，往往可能对任课教师产生等同于乃至超越对班主任的信任度。这是我们必须面对的现实。

缺乏任课教师的帮助，我们是无法将一个班级带好的。我们需要更多的能唤醒学生灵魂的灵魂。

基于对班级发展、学生成长负责的态度，我们有必要塑造和维护任课教师在学生中的崇高地位。这对班级的和谐、学生成绩的全面发展、同事关系的和谐、教育合力的形成，有着至关重要的作用。

首先，要让任课教师在班级学生心中有一个良好的形象。以下几件事情，是我们必须做好的

其一，互夸。

我想，这点不需要解释，也不需要举例。但简单、粗暴地夸只会给学生以虚假的感觉。事实上，我们身边的每个人都不缺乏优点，只是我们往往缺乏一双寻找别人优点的眼睛而已。

其二，维护。

在学生面前维护任课教师的形象，是我们必做的功课，但必须基于事实，不能盲目，不能睁眼说瞎话。

其三，解释和沟通。

我们拥有更多的与班级学生相处的时间，也拥有在学生中更重要的地位。当任课教师与学生之间产生心理裂缝的时候，适当的解释和沟通是我们必须做的事情。

事实上，维护和建立任课教师在班级学生中的形象，往往对我们自己的形象也能起到良好的作用。更重要的是，任课教师往往会在轻松、愉悦的状态下积极主动地参与到班级管理和学生教育中来，达成整合更多"灵魂"的目的。

有时候，个别任课教师的魅力对班级和学生所产生的影响，是有可能超

越甚至大大超越班主任的。

学生被班主任批评过分了一点，那就让任课教师去表扬他们；任课教师打击了学生的自信心，班主任就要学会适时表扬和鼓励。

更何况，多位任课教师的教学进度、学生的学习状态与学习层次、各科课堂的整体调度，很多时候还需要我们展开更多的合作。

多一个唤醒灵魂的灵魂，也就多了一份唤醒的力量。

（二）让更多的"云"来推动更多的"云"

有没有想过让学校的行政领导、德育主管也来为我们的工作助一把力？这并非异想天开的想法。

在刚刚参加工作的时候，我就把学校校长与乡联校长"整合"了一把。

我的班里有一个叫刘科文的孩子，父母双亡，家庭贫寒。几乎每个学期，我都要担心他因为交不起学费而失学，孩子们和我为他补贴过不少学费。我知道我和班上的孩子们能力有限，于是就想到了校长。

为了帮助这位同学，我在班里开展了"以爱为名"的主题班会，邀请校长和乡联校长（负责监管全乡所有学校的大领导）参加，美其名曰请他们"指导工作"——领导们是很愿意指导我们的工作的。

在班会上，我邀请了熟悉他的同学讲述他的故事，展示了我们班级为他做的很多事情。我自己做了声情并茂的演说，极力营造充满爱与感动的班会氛围，尽管班会的模式和程序十分幼稚。

班会的最后一个程序：在韦唯的"只要人人都献出一点爱，世界将变成美好的人间"的歌声中，我第一个走上讲台，捐款100元，然后是同学们依次捐款。最后，我看到了想要的结果：我们的校长和乡联校长依次走上讲台，发表了讲话，讲述了他们童年穷苦生活的点点滴滴，边讲边流泪。最终，我成功地掏空他们俩的口袋，并为刘科文同学赢得了两年的学费减免和学校一系列的优惠政策。

至于德育管理部门，与我们的班级建设关系更加密切。我常用的方法就是——轮流唱红脸和黑脸。

班级某些方面需要加强，自己不好说的时候，让政教德育部门出面，唱黑脸，我们来唱红脸，安慰学生"受伤的心"。当班级遭遇逆境时，请政教德育部门在合适的时机予以别的方面的表扬和肯定，班主任则要学会调整学生骄纵过甚的心态。

我们有时候会陷入一个误区：学校行政领导基于管理的角度往往只会寻找我们的不足之处，却忘记了其实他们的目的与我们并不矛盾，都是为了学校的整体发展，为了学生个体和班级生态的良性成长。只有所有班级整体良性发展，学校的整体发展才不是一句空话。

正因如此，我们不妨寻找彼此之间更多的配合契机，拿捏有度，进退有法，让他们也成为班级生态建设的一种资源。

（三）寻找更多的"云"与灵魂

食堂员工、卫生人员、门卫师傅、勤杂人员甚或校园里的其他人，对班主任工作来说，是否也具有整合的价值呢？

什么是生命的平等和人权的平等？我们起码应该教会孩子尊敬身边的每个人，而不是因为社会地位、物资的贫瘠及工作岗位的不同而不同，这是一种至高无上的生命教育。

生活中，我会平等、友善地对待身边的每个人，也包括学校的员工朋友。很多时候，他们身上所散发的生命力量会让我们的教育更饱满。我会要求我的学生发现他们身上劳动的美、健康的美、坚韧的美和友善的美。

多年前我工作的学校里，有一位在学校工作了十年的校警，勤勤恳恳、任劳任怨，为人善良真诚、和蔼可亲，处处保卫着学校与学生的安全。

一个普通的下午，由于校外不良社会人员冲入校园，这位校警受伤住院，孩子们亲眼目睹了整个过程。于是，我召开了一个简单的班会。

我详细讲述校警受伤的整个过程，引导孩子们说出他们所看到的校警每天的工作状态，发现校警身上的另一种美，让他们每人写一封慰问校警的信。由于年代久远，那些饱含深情的文字，我无法记录下来。

后来，我带着部分孩子携带他们所写的慰问信看望了受伤的校警，并在往后的日子里，继续让孩子们发掘校警更多的优点，进而引导他们去观察和发现校园里每个看似不起眼的"小人物"所拥有的不一样的美丽。

就这样，发掘身边每个生命不寻常的美丽，成为我班主任工作的常态。

当我们尝试挖掘每一个平凡生命背后的美丽时，我们的灵魂就得到一次洗礼。这对学生来说，也许就是一次全新的成长。

每一个平凡的灵魂，都具有推动另一个灵魂成长的力量。我们要善于发现、展示他们，让他们成为唤醒许多幼小灵魂的灵魂。

三、文化即资源

我们时常提到校园文化，那什么是校园文化呢？

所谓校园文化，是以学生为主体，以校园为主要空间，以育人为主要导向，以精神文化、环境文化、行为文化和制度文化建设等为主要内容，以校园精神、文明为主要特征的一种群体文化。其本质是一种人文环境和文化氛围。

校园文化对班主任来说有哪些价值呢？

（一）传统文化的传承

我一直期待着自己工作的学校有悠久的历史，最好有历史文物之类的建筑，又或者能有校史馆或者荣誉馆。这个馆是以学生为主体的，而不是只关注行政荣誉。因为这样一来，当我接手一个新的班级时，会多了一种新生教育的资源，而且是非常有价值的资源。

每接手一届新的班级，我总会整理出学校的一些传统的、有价值的资源：基于校训的解读；那些在学校发展史上留下光辉一笔的学生、老师，抑或是普通人；学校社团文化走过的足迹；能代表学校精神的一些感人的故事；甚至是学校里曾经发生的反面事例。

当然，传统文化远不只我所说的这些，我们可以尝试进行如下思维拓展：

1. 你所在的学校有已取得较大甚至伟大成就的名人吗？能否让他们的故事成为你的资源？

2. 你所在的学校有没有某方面的成就能让学生产生骄傲与自豪感？

3. 你所在的学校有没有更多感人至深的故事？

……

传统文化教育应该是新生教育的首选。学生刚来到学校，对一切都充满新鲜感，我们在采取行动时，首要考虑的不是要做什么，而是所做的事情对学生的成长来说是否有意义。

（二）社团文化

我们都知道，最早的社团文化更多地出现在大学校园里，而现在，它正在被推广到中小学。

社团文化对丰富学生的业余课堂、构建教育的第二阵地、培养学生全方位的能力，是有重要意义的。

社团文化对孩子们的吸引力往往超越文化课程对他们的吸引力，班主任应该有预案、有计划地让学生参与其中。

例如，很多校园明星会在活动中大放异彩，这样的榜样就在孩子们的身边，我们不妨有选择地引导孩子们去"追星"。

当然，很多学校并没有正儿八经被提到学校发展高度的社团文化。无论是一次简单的篮球赛，还是一次小型的文艺汇演，也许都是一种社团文化的雏形。

还记得十年前我工作的桃花江实验中学，学校篮球队连续多年获得全县初中生篮球比赛冠军，篮球文化成为这所学校最抢眼的名片之一。这所学校因为较为狭窄的校园，剩下的 4 块篮球场成为学生的最爱。学校里那些闪耀的篮球明星的名字，不仅仅流传在学生的口中，已经毕业的篮球明星的名字也被一届届学生传诵。

学校每一届九年级学生都会举行一次篮球赛，这成了所有学生的节日，他们相当重视。

在那所学校里，我工作了六年，接了两届毕业班。对于每一届新生班，我都会谋划九年级的篮球赛。

正如我前面所说，篮球队的建立和训练过程对孩子们的成长有着很大的意义。到了九年级正式比赛时，作为班主任的我，能做的就更多了。我跟孩子们一起为篮球队起名字、想口号；商议成立啦啦队，组织加油队形；为篮球队员画加油海报；让家长为篮球赛提供赞助……

比赛的过程和比赛后的总结反思更具深刻意义：挫折教育也好，成就感的迁移也罢，抑或班级集体主义观念的塑造，都有它存在的价值。基于孩子们的高参与度，这时候的教育自然会有"随风潜入夜，润物细无声"的意境，我们也可以很容易地就达到所期待的效果。

（三）其他活动文化

我无法一概而论，因为每个学校都有不同的传统活动，还是继续我们的思路拓展吧。

1.有没有以学生为主体的"百家讲坛"？我们可以做什么？

2.有没有年年举办的旧货市集？我们又可以做什么？

3.有没有让学生参加社会实践的传统？如何操作？

4.有没有勤工俭学的学校传统？怎么组织？

……

我的思路是，不管是什么样的活动，都具备以下流程：活动前详细准备—活动中全程参与—活动后进行总结、迁移。

总而言之，校园文化首先需要学校领导层面作为推动主体，而我们更多的可能是受众。但我们不妨做一个建议者和推动者，提供基于班主任这一岗位的独特思考，因为作为在一线与学生有更多交流的人，我们更能接触和了解学生的需求，代表更多学生的心声。

学校是学生学习、生活的环境，在这个环境里，能影响学生的因素很多。我相信，只要我们能有一个整合的思维模式，以发掘学校范畴内所能发掘的教育资源，以开放和接纳的态度与人整合、与物整合、与文化和精神整合，学生就能更多地感受到教育的力量，我们班级的发展和学生的成长就会在这个生态里受益良多。

第四节　怎样从社会宝库中整合更多的资源

社会生态是每个人都被收纳其中的庞大的复合型生态系统，很难有人能脱离它。社会文化，尤其是流行文化，对于学生的成长影响巨大。

其实，我们都有这样的困惑：学校里，班主任的工作，在形形色色的不良社会因素和家庭因素的影响下变得几乎毫无意义。

我们也许都带有一种很少说出口的傲慢的偏见："成人社会的种种对孩子的成长来说更多的是有害的，那么，就让孩子远离它们！"所以，很多老师的工作是在教室这个有限的空间内开展的，试图阻碍一切社会不良因素对孩子们的影响。现实是——这是无法做到的。

我们会感到无力，但无力并不能成为无为的理由。如何在班主任这个岗位上，让"社会"这一学生无法脱离的环境也成为教育资源呢？

我们不妨反过来思考：作为如此庞大的生态组成部分，自然存在巨大的可被整合的优质教育资源，自然也可以因势利导对学生产生非常积极的教育意义。

我们不妨开阔视野，将工作和学生的成长置于更广阔的空间。

一、利用"社会资源"，拓宽班级活动空间

此处的"社会资源"指的是社会的公共设施或场所，属于社会生态中的非生物因素。

有很多社会公共设施或场所是我们开展班级活动必须依靠的平台，比如革命烈士纪念馆、爱国教育基地等几乎成了我们每年都要去的地方。但静心思考，我们会发现：这样的活动的教育意义其实非常有限，又带有明显的说教意味，"知行"无法合一。

除了爱国主义教育以外，学生无法得到更多的体验了吗？有没有其他可以利用的资源，让学生得到更多角度的体验，进而丰富自己的经历呢？

污水处理厂值得一去，那里有臭不可闻的污水，让孩子们直面每座城市美丽外衣下丑陋的一面，去过了，孩子们自然就懂得了环境污染是一件多么可怕的事情；去垃圾掩埋场看一眼，比你跟孩子说一千句不要乱丢垃圾有效得多；气象观测站也值得一去，去了，孩子们起码对地理这一学科的很多问题有了直观的感受；对于城市里的孩子来说，农场也值得一去，体验做农活对他们来说也是一种别样的收获；交警大队、消防队、公安局更值得一去，对交通安全、消防安全和法制教育就有了直观的感受……

也许有的老师会说：农村的孩子怎么办？

我在农村长大，毕业后在农村工作了五年，农村更是一片广袤的土地。我们去茶叶厂的次数最多，儿时读书每学期都去勤工俭学，去茶场摘茶是我一生最难忘的体验；去困难户和"五保户"家里慰问与帮忙砍柴是我最早体会到关爱他人是一件多么幸福的事情；当年镇里一个全国非常有名的农村生态循环家居样板户，也成了我常带学生去的地方；一个参加过对越自卫反击战的老战士是讲故事的能手，所以带学生去听听他的故事也是我常做的事情；至于劳动体验，那是随时可以开展的活动……

城市公共设施和农村基础设施对社会发展都有重要的功能与意义，于学生而言，起码能够拓展视野，发挥功能性的教育意义。我们要做的是发现它们，利用它们。

我的基本思路是：

1. 有什么。

我们应该去发现身边有什么样的资源，有什么就决定着我们可以做什么。

2. 可以做什么。

这与我们每个人的教育理念息息相关，可以让学生从这一资源中得到什么样的体验。

3. 怎么做。

做好预案：安全注意事项、分组活动的方式、活动流程、学生预先思考要提前准备的问题等。

4. 能得到什么。

这类班级活动的开展重点在于两个字——体验，以社会公共资源作为载体，提供给学生一个在教室和学校范围内不能接触到的完全不同的实体空间，让学生在体验中得到教育。

当然，体验过后引导学生向生活迁移就显得非常重要，这样才能对学生的成长产生积极的作用。

一个活动有没有意义，不在于活动本身，而在于我们能否挖掘出它对学生成长的积极意义，在于我们是否精心设计和组织。

我没有想过回答大家的"我该怎么办？"这一具象的问题。我想请大家以"有什么—可以做什么—怎么做—得到了什么"这一思路进行思维拓展，设计一个或更多的活动预案，朝向体验、迁移、学生的成长。

补充一点，借用社会资源组织班级活动还有一点是值得重视的：部分社会公共资源本身所具有的时间节点价值和区域性。打个比方，2015年是抗战胜利70周年，而本地就有一个"厂窖大屠杀"纪念馆，若我们能在这个时间点利用这一资源开展活动，就能很好地在恰当的时间节点和社会舆论环境中开展活动，其效果自然不同。

二、借用"社会资源"，扩大班主任工作的舞台

我们知道，班主任工作的三要舞台是教室和办公室，在学校这个大的生态系统和班级这个小的生态系统下开展工作。我们不妨将思路打开，不以纯理论的角度来看待"社会资源"这个词，而把发生在学生身边抑或是学生所能接触到的社会人和事看作"社会资源"，也许我们工作的空间又能得到扩展。

先看一个简单的例子：前几年，本地网吧发生了一起青少年之间的凶杀案，在各大学校和学生之间闹得沸沸扬扬。这件事情，对班主任来说，有没有可利用的价值呢？毋庸置疑，安全与法制、网络与游戏、心理健康教育、性格与修养等方方面面的教育都能从这一事件中得到启发和拓展。

针对如此震撼的事件，我召开了三次专门的班会，分别对应"未成年人健康上网""安全与法制教育""心理健康与性格修养"三个专题，让学生结合生活和所思所见充分发表意见。

对于网吧接纳未成年人上网的问题，我们给文化局写了信，并对学校附近几个网吧进行调查，还打电话进行举报。尽管后来因为种种原因，举报效果并不理想，之后我又跟学生探讨了"举报为什么无效"这个问题。学生的一句话让我感到震惊："老师，社会有时候就是如此，我们无法改变别人，只能做好自己！"

这何尝不是一种教育呢？

针对社会上的不良影响，正面的、高大上的引导是必不可少的，但反面的理性分析同样重要。我们不应该只是给孩子描绘一个尽善尽美的连自己都不信的"乌托邦"，而学生有一天会发现现实远远没有那么美好。我们应该做的是将这个世界的真实呈现给他们，并教会他们正确面对、理性分辨，给予他们勇敢前行的力量。

我只是举了一个有些极端的例子。

事实上，社会的热点事件——哪怕是负面的事件里，也能发掘到相当多的教育素材。没有哪个学校和班级能模拟出那么丰富的生活：善恶美丑、人世百态。只有在社会这个大的生态系统里，我们才能感受得到，对于好奇

心重的孩子来说，也许他们所能感受到的，比我们成年人还多。

我们再尝试一种思考的方法：当想要让孩子们学会什么的时候，是否有可能将我们想达到的目的置于社会这个广阔的背景之下呢？想锻炼学生的综合能力和交际能力，让他们体验成功的愉悦感，除了在教室和自己班级这个局限的空间内，我们是否可以把空间置换到更大的背景中去呢？

所以，我带孩子们参加社会实践——卖报纸，卖洗车会员卡。

如果我们想要让学生感受生活的乐趣、春夏秋冬四季的美好，与其让他们在课堂里使劲朗读干巴巴的课文，写那些没什么干货的作文，还不如让学生在回家的路上捡上几片颜色各异的落叶，挑选几块形状不同的石头，收集几种不同特点的泥土。

所以，又开始了我们的思维拓展：

1. 想让学生学会感恩，能否将工作的舞台换到校外？

2. 想让学生学会正确使用手机，能否将工作的舞台换到校外？

3. 想让学生学会守纪，能否将工作的舞台换到校外？

4. 想让学生懂得上进，能否将工作的舞台换到校外？

5. 想让学生拥有理想，能否将工作的舞台换到校外？

……

应当强调的一点是：班级活动社会化也好，班级管理社会化也罢，精心设计和用心组织是有效果的前提。

三、整合"社会资源"，构建三位一体的成长环境

我国古代教育学家荀子说："蓬生麻中，不扶自直；白沙在涅，与之俱黑。……故君子居必择乡，游必就士，所以防邪避而近中正也。"这是强调社会环境对人的潜移默化的影响，要人们重视习染，有其积极意义。

正因如此，我们不能忽视社会环境对学生的影响。然而，面对社会环境，我们似乎有一种无力感，它并不会因为你我的努力而改变。但这并不能阻碍我们从社会环境里挖掘有意义的资源，将其整合到工作中去，尽力为孩

子构建三位一体的良好成长环境。

（一）整合"社会资源"，构建学生的"免疫力"

"凡事预则立，不预则废。"社会不良因素对学生的影响之大，作为班主任自然是非常清楚的。但现实是，很多老师采取的是避而远之的态度，而非就事论事、正确引领，让学生产生"免疫力"。

例如，手机在方便人们的生活甚至开始改变人们的生活方式的同时，也带来了很多不健康因素。我们常见的做法是什么呢？禁止带！

于是，偷偷摸摸玩手机就成为学生最喜欢做的事情，然后一系列的问题就出现了。

我们应该清醒地认识到，这不是学生的问题，而是一个社会问题！

怎么办？首先让学生开展一次社会调查，可以从亲人开始，每人下发多份调查表，可调查多人。

我采用的调查表如下。

表 3.1　手机使用状况社会调查

调查对象（可匿名）		与调查者关系（可不填）	
手机使用时间（每天）			（以估计为准，单位：小时）
使用功能比例	打电话		
	玩游戏		
	社交媒体（QQ、微信等）		
	看新闻		
	其他		
智能手机的益处			
智能手机的害处			
补充说明			

×××× 年 × 月 × 日

调查能让学生了解到社会现状，也为下一步的工作提供了一手素材。因为这些素材来自学生，他们对于后续的工作就有了更进一步的兴趣和更高的参与度。

接下来我们有多种思路：对这一调查的反馈进行后续跟踪，若学生整体反映对这一事件的关注度不够，可继续让学生利用网络收集相关的文章或案例作为补充。我们可以引导他们思考时代背景，了解智能手机的功效和意义，也应该引导他们在手机影响工作学习、导致安全事故、形成社交困局、产生家庭矛盾、有害身心健康等方面进行思考。

这一系列工作的目的只有一个：让学生对手机具备初步的认识，形成正确使用手机的意识，起码让他们明白无节制地沉溺手机是一件对身心成长均不利的事情。简言之，让学生产生免疫力，高大上一点，即"播种思想"。

不求立竿见影，但求他们能有初步的认知，这就足够了。

（二）整合班级活动，提高学生的辨识力

当然，仅仅有"免疫力"是不够的，学生的较强好奇心和较弱自我掌控力会让"免疫力"在不良因素的持续影响之下慢慢失去作用，所以必须持续强化。

我们继续以手机问题为例思考：在让学生通过社会调查、网络收集、小组探讨等方式形成基本的认识之后，接下来是举行班会，以辩论赛的方式呈现，教师以主持人的角色出现，进行引导和指正。

然后，让学生写相应的总结和思考：我们该如何正确对待和使用手机，并采取班级合约的形式形成班规班约，让全体同学表决通过。方式方法不定，但目的是让学生学会正确使用手机。

这种意识必须持续强化，不要害怕问题反复。当问题出现时，不要以我们个人的意愿代替班级的思考。我们可以将个别学生的问题展示在班级学生面前，让良好的集体生态来代替个人意愿的强制实施。

（三）建立家校同盟，缩小教育的"死角区"

我们继续就手机问题简单做一个后续阐述。

"家长请以身作则！"这是我常常对家长说的话。孩子实在做不到，不妨让孩子带个"老年机"。寒暑假和周末请家长务必关注孩子的手机使用问题，在他们有沉溺表现时利用注意力转移的方法，带孩子外出走走看看，参加一些比较感兴趣的活动。

当然，这些沟通工作需要有良好的家校关系做支撑，所以整合家长资源就变得非常重要。我们不可能24小时陪伴着孩子，家长参与甚至是全程关注才能更好地缩小教育的"死角区"。

需要补充说明的是：手机使用问题也好，上网玩游戏的问题也罢，打架斗殴的问题也好，应对学生的问题时，我们都应该有一个基本意识——不要过度焦虑于学生出现的问题。有些老师在学生出现问题时方寸大乱，采取过激的手段，家长也是如此。这往往让学生错失成长的机会，产生对某个问题的焦虑。预防避免问题，正确分析问题，科学解决问题，跟踪学生表现，及时肯定纠正，方为正途。

我试图以"如何让学生正确使用手机"这一案例来阐述如何构建三位一体的学生成长生态环境。学生无论是在家里还是在学校乃至在社会，他都能正确对待这个问题，对这一问题的本质看得更透，从而以一种理性的态度来思考。这才是真正的成长，是学生生态化成长的思考核心：考虑学生成长生态中的各个系统或子系统，尽可能整合更多的资源，优化其成长生态环境。

正因如此，尝试整合社会资源以利于工作，也就成了必需。

当然，大多数时候，我们并不可能获得那么好的三位一体的助力，这涉及三者之间资源整合的程度。很多时候，老师的无力感恰恰来自我们遇到的整合的阻碍。我们无法改变别人，但可以尝试尽力而为。

人不可能脱离社会而存在，作为社会的自然人，学生也是如此。在我们的工作中，基于对学生的保护，"社会"这一因素所起到的积极作用常常退位，乃至缺位。

有时候，已经有了一定辨识能力的成年人尚且无法避免"社会"的不良影响，对于处于成长阶段的孩子，尤其是一定程度上有些"早熟"的孩子来说，这些不良影响是"致命"的。

作为班主任，我们应该更好地发现社会资源里蕴藏的更多的教育意义，让孩子们学会正确对待社会的不良因素。这一前提是：我们要有善于发现的眼睛和整合的能力。

第五节　网络时代，我们还可以做什么

网络技术的发展以及由此引发的科技革命让人类进入网络时代，网络俨然成为人们生活的新生态系统。这个系统对人的生活的影响是巨大的，对于学生的成长也是如此。

这是一个最好的时代：社会信息传播的速度是如此之快；网络平台的知识量成倍地增长，搜索一下，可知天下；高新技术的发展让教育形式和学生的学习方式发生翻天覆地的改变；社交软件的发展，让师生与家校之间的距离从天涯到咫尺……

这是一个最坏的时代：手机、电脑游戏对学生成长的影响越来越大；学生接触网络的时间成倍增加，沉溺现象趋向严重；网络的开放性和各类媒体的责任缺失几乎让各类不良资讯无序传播；虚拟环境下学生几乎可以放肆而为，现实生活中的交际困局却让部分孩子出现回避现实、自闭等性格缺陷……

在网络背景下，班主任如何更好地开展工作，成为一个新的课题。

一、信息时代的资源

能运用到班主任工作中的，都是我们的资源，不管它是来自网络还是现实、信息时代还是蒸汽时代。对于班主任来说，关键在于如何选择，怎么应用。

（一）"拿来主义"

就像从教室里拿起一把扫帚教孩子扫地一样，我们其实可以从网络时代这个背景下拿来更多的东西：电视、电影、音乐、视频、新闻、文章、图片……

我举几个例子：

我相信很多人看过《士兵突击》这部电视剧。我很少看电视剧，也似乎从来没有因为一部电视剧而有过这样的感慨。但是在完整观赏过这部片子、多次重温过这部片子之后，我的心里仍然不断翻涌着难以言喻的情绪。关于人生，关于信念，关于友谊，关于生命，关于梦想……剧情给我们传递了太多的东西，完整地消化它需要很长的时间，需要静下心来沉淀。

站在老师的角度，我十分狂热地喜欢这部片子，爱上剧里每一个坚毅、善良的人物。所以，每带一届新班，我都会推荐孩子们去看这部电视剧。

实际上，这样的电影、电视剧多得数不胜数。

《奔腾年代》——一个创业者奋斗的缩影、一个努力不息的英雄；

《阿甘正传》——教给你为目标默默奋斗、乐天知命；

《百万宝贝》——一个关于拳击的故事，也是一个关于希望、梦想和爱的故事；

《当幸福来敲门》——关于梦想、关于乐观、关于父爱、关于人生；

《勇敢的心》——只要有战胜困难的勇气，就没有战胜不了的困难。

……

挑选之后，我们不妨列出一个观影单，让学生在假期中去观看这些经典，也可以利用课余时间或者课堂时间观看。经典永远是经典，具有强大的心灵震撼力。即使我们只是简单地让学生去看，大概也比让他们盲目跟风地观看那些肥皂剧和偶像剧好得多。

电影院新出的电影，同样有许多值得看的，所以我常常在家长群和学生群里与大家探讨新出的有价值的电影，并建议家长和孩子们一起去看。

我还会推荐电视节目，如《我是演说家》《动物世界》《百家讲坛》《探索·发现》《走近科学》……

对于有意义和价值的文章，我们不妨转到 QQ 空间，或者直接发到家长群和学生群；好听的、有教育意义的音乐同样有不可替代的价值，对于真正喜欢音乐的孩子来说是非常棒的营养……

不要忽视网络的特点：资讯量极大、传播速度极快、获得渠道极多。哪怕是简单的"拿来主义"，对于学生来说也是一种生活的体验和对身边事物的关注。一些家庭教育信息的推广，对于家校沟通乃至家庭教育同样有推动作用，最终有益于孩子的成长。

（二）最远与最近的距离

网上流行这么一句话："世界上最远的距离，不是生与死，而是我们坐在一起，而你在玩手机。"

网络上有个调查，大多数人在玩手机的时候，除了打游戏，更多的时间花在微信聊天、朋友圈、QQ、QQ 空间等社交媒介上，反而忽视正常的人与人之间的语言交流。联系到班主任工作，我们不难发现，家校的沟通、师生之间的现实沟通，往往由于时间与空间的局限变得更有难度。

网络交流与沟通也打破了空间距离而变得快速、便捷，因为空间的距离让我们有更多的时间去思考，表达也就更为清晰和诚恳。所以，在我的班主任工作中，很多的家校沟通和部分师生沟通是通过社交媒介来完成的。

常见的模式有几种：家长群、学生群、QQ 空间、微信朋友圈、学校网站体系下的班级网页、学生网络成长档案等。

运用这些工具在于实现家校、师生的沟通。由于没有面对面的人与人之间的对立感，网络沟通往往更有实效。

我们不妨时常表扬一些在家庭教育方面做得突出的优秀家长，介绍一些好的家庭教育方式与方法；也可以在群内与家长探讨一些教育方面的心得体会，以专业的角度呈现自己的教育理念。

我时常让做得突出的、有榜样作用的部分家长作为我在群里的"左膀右臂"，朝着有利于学生成长的方向引导家长群的交流，而不是让家长群成为家长发泄牢骚的意见反馈平台，最终目的是让家长群成为构建家校一体的有力工具。

需要说明的是，对于掌控能力不足的班主任，个人不建议建立家长微信群。从某种意义上说，在家长群里，家长是有共同利益的群体，而我们是孤军作战。面对一些有争议的问题时，若掌控能力不足，会陷入不可收拾的境地。这点值得大家重视。所以，在班级初创期，我不建议大家组建微信群，QQ 群因为有禁止发言的功能，可能会好一点。

师生沟通时，网络社交工具的作用格外明显。学生不好当面说的话可在 QQ 上说，实在不好意思说的话可以匿名说，这对师生之间进一步的沟通有着积极的意义。

师生群同样需要引导。建群最好由学生完成，教师在与学生有较好的信任关系时再加入。群内尽量不要过分干涉学生的言论自由，更多的是发现学生的思想动态。我们可以尝试引导出有研讨价值的主题，让学生大胆发表自己的看法，引导学生思考和成长，这些主题同样可以来自网络资源。

由于网络社交媒介不限空间，基本不限时间，所以假期中，尤其是暑假和寒假，我们完全可以利用 QQ 群等工具在网络上引导学生健康上网、学习，探讨相关的社会热点问题，交流彼此的成长等。

我们也可在取得家长同意的情况下在师生群内组织论坛，以规定的主题和流程进行系列化的思想交流。临近假期结束的时候，网络交流的主题可以涉及收心教育、新学期准备、新学期计划、作业与学习任务等。

网络拓宽了班主任工作的空间和时间，班级的概念可迁移到网络上，我们在假期这一教育空窗期对学生进行引导和教育，就有了更多的可能性。

二、网络资源的整合

我像摆地摊一样将个人所能思考到的资源呈现出来，试图按照罗列的顺序进行整理。

（一）拿来的，还要会用

但凡只是"拿"过来的东西，若只是简单地丢给学生，缺乏引导、生发和拓展，那就如走马观花、隔靴抓痒，意义不大。

怎么办呢？

对"拿来"的资源进行体系化整理，在课程体系框架支撑下深度发散，才能触及学生的心灵深处，真正起到激发学生自我成长动力的作用。

我们可以结合学生的年级特点和发展的阶段性来构建网络资源的"拿来主义"体系。以初中为时间段，以影视资源为例，具体如下。

七年级：学生刚进入初中，懵懂青涩而又对初中生活充满憧憬，理想教育、规则教育、交际能力培养、青春期启蒙等是必需的，而且班级刚刚组建，团队建设、集体主义思想也应该同时进行。那么，结合网络资源，看什么样的电影、提供什么样的电视节目、利用网络平台转发什么样的资讯文章，都应该有清晰的方案。

像电视剧《士兵突击》及节目《我是演说家》中的一些有利于激发学生理想的内容，又如电影《勇敢的心》《百万宝贝》《追风筝的人》等就非常有意义。若结合学生的学科进度，还可以让学生观看《动物世界》《探索·发现》《百家讲坛》中关于历史的相关内容。这些都可以启发学生的学习兴趣。

八年级：青春期发育开始加速，学生逆反心理被强化，与父母的亲子关系在淡漠，感恩教育、青春期心理指导、学习目的的明确等就显得尤为重要。我们可以让学生观看电影《当幸福来敲门》《我的父亲母亲》《唐山大地震》《千里走单骑》，也可以建议学生和家长一起观看《寻亲记》《爸爸去哪儿》等电视节目。由于物理学科的加入，也可以将《走近科学》栏目加入推荐名单。像《星际穿越》《美丽心灵》《星际迷航》等电影以及纪录片《万物与虚无》等，尽管其中的物理知识有些复杂，但主要目的是激发学生对科学和物理的兴趣。

九年级：中考的压力、升学的困惑、个别学生即将走入社会，学生的内心世界变得更加复杂，他们开始有了人生思考和对未来的期待。电影《全城高考》尽管描述的是高考前发生在某个班级里的事情，但对于九年级的孩子来说同样适用。还有像《阿甘正传》《奔腾年代》《魔戒》《舞动人生》《卡特教练》等就比较贴近学生的心理特点。

由于学生的空闲时间没七、八年级多，所以我们提供给他们的内容并不占用日常时间，可以以假期的 QQ 群定时研讨、周内的定时观影、周末的德育作业等方式进行，以免与正常的课堂教学产生冲突。

每个班级、每个学段、每个地方的孩子都有不同的年龄特点，我们可以从两个方面思考：其一，学生需要什么，要充分考虑不同年龄阶段学生的需求；其二，有什么可拿，能拿多少，取决于自身在这一块的知识量。

留心收集和整理资料是班主任的必修课，影视资料如此，网络新闻资讯也是如此。我们应该在走完一个完整的班级流程后，能形成系列化的、分阶段的资源体系，并在新一轮带班的时候不断修正、完善。围绕学生的成长需求，结合学生的年级特点和发展阶段性整合资源，才能构建真正有意义的教育资源体系。

若能形成体系，也就具备了课程化的雏形，在此基础上，进一步思考如何内化。

以《士兵突击》这部电视剧为素材，来谈一谈我是如何做的。

最简单的内化方式：谈谈你所喜欢的角色及原因；说说你在这部电视剧里得到的体会；举行一次以《士兵突击》为核心内容的演讲比赛或是观后感比赛等。

深层次的方式：尝试对许三多的成长阶段分类，整理出与其成长相关联的人物及其身上最宝贵的品质。发掘许三多成长过程中的关键点，总结挖掘支撑许三多这一人物成长的优秀品德等。

更深层次的方式：尝试让孩子从同学身上挖掘与许三多成功品质类似的

精神，抑或是如何做别人生命旅途中的"史今班长""袁朗大队长"。

其实，任何一部电视剧甚或是流行的偶像剧，若我们细心挖掘，同样能挖掘出其背后有价值的资源。

简言之，对影视资源、网络资源的整合，其实就是抽丝剥茧、层层推进、不断将核心的教育价值内化为学生的体验，进而触发其自我成长意识的过程。

（二）"山寨"也疯狂

"山寨"一词，最初的释义是模仿与抄袭，这似乎并不是一个褒义词。

在班级活动中，我们可以将许多有意思的活动运用到班主任工作中，如中央电视台的"感动中国十大人物评选"活动。

我们首先来看这一评选活动的基本方案和流程。

"年度人物"的定义：

人物事件发生在本年度，或者人物在本年度引起社会的广泛关注。活动以"感动公众、感动中国"为主题。

推选人物须具备以下一种或几种特点：

1. 为推动社会进步、时代发展做出杰出贡献，获得重大荣誉并引起社会广泛关注。

2. 在各行各业具有杰出贡献或重大表现，国家级重大项目主要贡献者。

3. 爱岗敬业，在平凡的岗位上做出了不平凡的事迹。

4. 以个人的力量，为社会公平正义、人类生存环境做出突出贡献。

5. 个人的经历或行为，代表了社会发展方向、社会价值观取向及时代精神；个人在生活、家庭、情感上的表现特别感人，体现中国传统美德和良好社会风尚。

评选流程：

1. 推选出认为合适的候选人物，并写明推举理由以及他们的事迹材料。

2. 组委会收集一些人物资料。作为组委会的推荐人选，推委会可以在组委会搜集的推荐人选中投票，推举出认为合适的候选人物，并填写推举理由。

3.组委会根据推委会的推选情况，再经公众投票和最终评议，确定"十大人物"。

很显然，这一活动最好的山寨迁移对象肯定是学生的评优评先工作。我们可以从名称到流程完全复制。

"感动 XX 班十大人物"评选活动方案

年度人物定义：

人物事件发生在本年度，或者人物在本年度引起班级和学校的广泛关注。活动以"感动同学、感动班级"为主题。

推选人物须具备以下一种或几种特点：

1.为班级作出突出贡献，并能获得全班同学广泛认可。

2.在班干部岗位上做出突出贡献，为班级发展不断努力。

3.以个人的力量，为班级正义、为同学做出了不平凡的贡献。

4.个人的经历或行为，代表了班级发展方向、班级精神面貌；个人在生活、学习、同学互帮互助上的表现特别感人，能代表本班同学的光荣形象。

评选流程：

1.全体同学都有推选权，推选出认为合适的候选人物，并写明推举理由以及他们的事迹材料。

2.成立组委会，收集部分同学的事迹资料，作为组委会的推荐人选，并填写推举理由。

3.交由全班同学和全体任课老师投票，选出 10 位得奖者，并在班级和家长 QQ 群中公示 5 天，无异议后则公布。

我们可以看到这份评选活动方案几乎与原型一样，只有在个别栏目上根据班级实际情况予以修改和调整。班级活动的"山寨"与厂家生产产品的"山寨"是两个概念，越是遵循原型的结构和模式，越是能得到学生的欢迎，学生的参与度也就越高。

最终的颁奖仪式必须严肃认真。播放激动人心的音乐，由推荐人朗读颁奖词，至于奖杯，也必须做得像模像样——淘宝店就有的卖，还可以刻上奖项的文字。这就是网络时代的便捷之处。

这样的"山寨"活动保持了对原型的基本模仿，能更好地被学生接受，因此会起到不错的效果。

那么，我们继续来一次思维拓展吧：

1. 新闻发布会的基本流程是什么？

2. 班级管理和班级活动中有什么地方可以移植这一模式？

3. 尝试做出一份按照新闻发布会的基本流程的管理或活动方案。

4. 教室应该如何布置，才能完美地将这一形式"山寨"过来？

……

（三）不做冷漠的"围观者"

"围观"绝不是褒义词，大多数的"围观者"始于"围观"，也止于"围观"，骨子里是冷漠的。

所以，我想让学生在面对网络热点事件时，起码应该说出自己的想法。

几年前发生的"我爸是李刚"事件，作为一个官二代或是富二代的典型违法事件，相信大家耳熟能详。我所在的学校就是一所私立学校，多数孩子大可看作官二代或者富二代。若是简单地"围观"，怎么能触及这些孩子的灵魂？

我决定不能只让他们做围观者，于是做了以下几件事。

第一步，了解"我爸是李刚"案件的来龙去脉。方式：网络或电视。

第二步，尝试整理网络、现实中各种人对这一事件的看法。方式：网络搜索和社会调查。

第三步，让学生谈谈对这几个关键词——官二代、仇富、社会矛盾的看法。

第四步，举行主题班会课。主题：李刚的儿子错在哪儿？

……

尽管这个过程因为八年级学生的社会经历不足和思想不够成熟而步履蹒跚，但我坚持了下来，也取得了不错的效果。部分学生的思考已经达到了一个很高的层次。有个学生在发言中说道："官二代和富二代本身并没有错，错就错在没有做一个好的官二代和富二代，社会财富的不公平分配让大多数人产生仇富心理，其实也是不正确的。"

　　这样的过程，其意义远远超出了简单的"围观"，对这一事件的关注和深入探讨，让孩子们体会到了很多。

　　一些社会热点事件具有很好的教育意义。我们既不能让孩子们远离它们，也不能简单地只让孩子们了解，而应该以民主、平等、自由的方式让孩子们深入探讨，从而在思想的争辩中获取思考。

　　"选择资源—深入了解—简单辨析—活动引导—总结迁移"，应该是让孩子们不只是冷漠地做热点事件的"围观者"的好方法。

　　当下是最有希望的时代。网络的发展对于我们和孩子们来说既是挑战，也是机遇。对于教育而言，传统的教学和育人模式也在发生着翻天覆地的变化，我们应努力跟上时代的步伐。

总结与反思

　　我们无法否认的一个事实是：人是无法脱离周围环境的影响的，尽管人具有改变部分环境的能力。作为教育对象的学生，在其成长过程中，自然会受到所处生态环境的影响。

　　家庭是学生所处的一个重要生态，也是第一个生态环境。家庭结构是否健全、家庭教育是否正确、家庭传统文化的影响、父母的言传身教等，对学生的影响往往大于学校对其产生的影响。基于个体心理学的理论，儿童在幼时受到的影响会伴其终生。

学校作为学生学习生活的重要场所，其存在的教育意义自然不言而喻。社会生态从生态架构上说，是高于家庭生态与学校生态的。

不得不说的是，信息时代的到来给我们带来了全新的课题：如何整合利用网络资源做教育，如何指导学生善用网络，如何让网络工具成为我们工作的重要助手。这是现代班主任必须思考的问题……

因而，重视对学生成长的全方位影响，善于整合资源，构建四位一体的复合型教育生态系统，对于学生成长来说是十分重要的。这是一种可能性，能做多少，取决于我们自身的整合能力与当下的教育环境。

此外，我们不能完全切割德育与学科教育的关联，而让德育成为孤立无援的存在。那么，如何更好地整合这些有价值的德育资源、整合学科教育，构建围绕学生成长的复合型生态系统的整合性德育体系也是一个重要的课题。

整体构架、顶层设计，以学生不同成长阶段的心理特点、学校生态的时间线性，将家庭与社会资源纳入其中，以主题模块式的结构构建一个有利于学生成长生态的课程体系，组成更大的教育场，形成教育合力，更好地推动学生成长，不失为一条好的出路。

第四章

如何让活动与课程为生态成长提供能量

仅仅有一个生活的环境并不足以让生命成长，或者说是更好地成长。以生态学角度视之，"一切生物都离不开环境，生物必须从环境中获取各种生活必需的能量与物质，并且受着各种各样外界环境因素的影响"[①]。

这对于班级生态与学生个体成长的意义何在？我结合教育生态学来做一个阐述：

1.学生的成长离不开其成长的环境，学生与周围的成长环境是相互依赖、相互影响的关系。

2.学生成长与生物类似，必须从环境中获取使其成长的能量或养分。

基于此，我们可以得出结论：班主任不能只是在班级生态与学生个体出现问题之后才"输入能量"——问题的处理者，而应该是"能量"的持续性"输入者"。

那么，什么是推动班级生态与学生个体成长的"能量"呢？

教师的情感是其中一种：没有爱的教育不能称为教育，但仅仅有爱的教

---

① 李振基等. 生态学 [M]. 北京：科学出版社，2014.

育只能是教育者的"孔雀开屏"与"自作多情"。我们应该有属于班主任这个特殊职业的专属能量。

能量来源于哪里呢?

我希望构建一个体系化的课程,让家庭、社会共同发力,构建成长生态共同体与成长生态课程体系,让其成为学生个体成长与班级生态建设强有力的能量。

第一节　系统化的德育课程长什么样

我希望班主任工作也能像学科教师一样,有属于自己的"学科"课程,以实现班主任工作的专业化。

我试图寻找这样一种方式:班级德育不只是由一些零碎的班会课组成,而是以主题整合的方式来实现课程化。

我试图拓宽工作空间和时间,整合家庭、学校、社会这些学生成长生态形成教育合力,以整体生态资源整合促进学生成长生态的优化。

我试图依据班级发展阶段、需求和学生的心理特点,拟定或调整相应的德育目标支点,以可见、可操作、可实施的班会课、班级活动、社会实践活动组成课程体系,实现持续性的"能量输入",以维持班级生态与学生个体成长的有序状态,从而让其"衍生出更多有序的平衡"。

一、德育课程体系各学期的基本规划

表 4.1　七年级上学期

序号	课程主题	类别	生态范畴	时间
1	入学流程	愿景课程	班级、学校、家庭	开学前开学时
2	时间管理	习惯养成	班级、家庭	第 1—2 周
3	遇见未来的你（时光胶囊）	愿景课程	班级（家庭）	第 3 周前后
4	我是"理财"高手	习惯养成	班级、家庭	第 4—6 周
5	大家一起向前冲（期中目标）	愿景课程	班级、家庭	第 7—8 周
6	要理性、不要感性（成绩归因）	习惯养成	班级、家庭	第 9 周
7	为什么成功的总是他？（总结评优与学习方法提炼）	主题班会	班级	第 10 周
8	不抛弃、不放弃	生态优化	班级（小组）	第 11—13 周
9	整合课程（热点资源整合穿插）	综合实践	班级、社会	第 14—16 周
10	大家一起向前冲（期末目标）	学习课程	班级、家庭	第 17 周
11	为什么成功的总是他？（总结评优、货币兑换、学习方法提炼）	主题班会	班级	期末
12	寒假综合实践作业课程（坚持）	综合实践	家庭、社会	寒假

说明：

1. 节日、纪念日等热点资源穿插班会课中：教师节、九一八纪念日、国庆节等，也可将这些主题班会扩展为综合实践性学习课程。

2. 基于时间的不完全确定性，本规划时间可前后调整。

表 4.2　七年级下学期

序号	课程主题	类别	生态范畴	时间
1	假末课程与报到仪式	愿景课程	班级、学校、家庭	开学前 开学时
2	我是"理财"高手	习惯养成	班级、家庭	第1—2周
3	我们与孩子"谈恋爱"	生态优化	班级、家庭	第3—6周
4	大家一起向前冲（期中目标）	愿景课程	班级、家庭	第7—8周
5	要理性、不要感性（成绩归因）	习惯养成	班级、家庭	第9周
6	为什么成功的总是他？（总结评优与学习方法提炼）	主题班会	班级	第10周
7	大家一起来吐槽（逆反期亲子沟通）	生态优化	班级、家庭	第11—13周
8	整合课程（热点资源整合穿插）	综合实践	班级、社会	第14—16周
9	大家一起向前冲（期末目标）	愿景课程	班级、家庭	第17周
10	为什么成功的总是他？（总结评优、货币兑换、学习方法提炼）	主题班会	班级	期末
11	暑假综合实践作业课程（自律）	综合实践	家庭、社会	暑假

说明：

1. 节日、纪念日等热点资源穿插班会课中：学雷锋活动月、3.15消费者权益保护日、全国中小学安全教育日（3.27—4.2）、清明节、世界读书日（4.23）、五四青年节、国庆节等，也可将这些主题班会扩展为综合实践性学习课程。

2. 基于时间的不完全确定性，本规划时间可前后调整。

表 4.3　八年级上学期

序号	课程主题	类别	生态范畴	时间
1	假末课程与报到仪式	愿景课程	班级、学校、家庭	开学前开学时
2	我是"理财"高手	习惯养成	班级、家庭	第1—2周
3	做主人还是当奴隶（手机、游戏）	生态优化	班级、家庭	第3—6周
4	大家一起向前冲（期中目标）	愿景课程	班级、家庭	第7—8周
5	要理性、不要感性（成绩归因）	习惯养成	班级、家庭	第9周
6	为什么成功的总是他？（总结评优与学习方法提炼）	主题班会	班级	第10周
7	感恩主题系列活动（穿插）	生态优化	班级、家庭	第1—12周
8	整合课程（热点资源整合穿插）	综合实践	班级、社会	第14—16周
9	大家一起向前冲（期末目标）	愿景课程	班级、家庭	第17周
10	为什么成功的总是他？（总结评优、货币兑换、学习方法提炼）	主题班会	班级	期末
11	寒假综合实践作业课程（感恩）	综合实践	家庭、社会	寒假

说明：

1. 节日、纪念日等热点资源穿插班会课中：教师节、九一八纪念日、国庆节等，也可将这些主题班会扩展为综合实践性学习课程。

2. 基于时间的不完全确定性，本规划时间可前后调整。

表 4.4　八年级下学期

序号	课程主题	类别	生态范畴	时间
1	假末课程与报到仪式	愿景课程	班级、学校、家庭	开学前开学时
2	我是"理财"高手	习惯养成	班级、家庭	第1—2周
3	做主人还是当奴隶（手机、游戏）	生态优化	班级、家庭	第3—6周

序号	课程主题	类别	生态范畴	时间
4	大家一起向前冲（生、地会考目标）	愿景课程	班级、家庭	第7—8周
5	要理性、不要感性（成绩归因）	习惯养成	班级、家庭	第9周
6	为什么成功的总是他？（总结评价与学习方法提炼）	主题班会	班级	第10周
7	七嘴八舌话追星	生态优化	班级、家庭、社会	第11—12周
8	整合课程（热点资源整合穿插）	综合实践	班级、社会	第14—16周
9	大家一起向前冲（期末目标）	愿景课程	班级、家庭	第17周
10	为什么成功的总是他？（总结评优、货币兑换、学习方法提炼）	主题班会	班级	期末
11	暑假综合实践作业课程（职业体验）	综合实践	家庭、社会	暑假

说明：

1. 节日、纪念日等热点资源穿插班会课中：学雷锋活动月、3.15消费者权益保护日、全国中小学安全教育日（3.27—4.2）、清明节、世界读书日（4.23）、五四青年节、国庆节等，也可将这些主题班会扩展为综合实践性学习课程。

2. 基于时间的不完全确定性，本规划时间可前后调整。

表4.5 九年级上学期

序号	课程主题	类别	生态范畴	时间
1	假末课程与报到仪式	愿景课程	班级、学校、家庭	开学前开学时
2	我是"理财"高手	习惯养成	班级、家庭	第1—2周
3	我的未来不是梦（一）（生涯规划）	愿景课程	班级、家庭	第3—6周
4	大家一起向前冲（期中目标）	愿景课程	班级、家庭	第7—8周

序号	课程主题	类别	生态范畴	时间
5	要理性、不要感性（成绩归因）	习惯养成	班级、家庭	第9周
6	为什么成功的总是他？（总结评价与学习方法提炼）	主题班会	班级	第10周
7	励志、青春、计划等主题班会课	主题班会	班级	第11—16周
8	大家一起向前冲（期末目标）	愿景课程	班级、家庭	第17周
9	为什么成功的总是他？（总结评优、货币兑换、学习方法提炼）	主题班会	班级	期末
10	寒假综合实践作业课程（奋斗）	综合实践	家庭、社会	寒假

说明：

由于学习任务的加重，基本取消热点资源课程。基于时间的不完全确定性，本规划时间可前后调整。

表4.6　九年级下学期

序号	课程主题	类别	生态范畴	时间
1	假末课程与报到仪式	愿景课程	班级、学校、家庭	开学前开学时
2	我的未来不是梦（中考动员）	愿景课程	班级、家庭	第1—2周
3	不要悲伤、不要心急	心理调节	班级、家庭	第3—6周
4	大家一起向前冲（中考目标及激励）	愿景课程	班级、家庭	第7—8周
5	要理性、不要感性（成绩归因）	习惯养成	班级、家庭	第9周
6	为什么成功的总是他？（总结评价与学习方法提炼）	主题班会	班级	模拟测试后
7	时光不老，我们不散（时光胶囊）	愿景课程	班级、家庭	第10周
8	考前调整	心理调节	班级、家庭	第11—12周
9	愿出走半生，归来仍是少年	愿景课程	班级、学校	中考后

说明：

由于学习任务的加重，取消热点资源课程。基于时间的不完全确定性，本规划时间可前后调整。

以上是我历经初中三年构建的班级基本生态课程框架。这些复杂的表格以三年的学期时间线为线索。

二、对德育课程的思考

1. "预"是原则。

我希望以班级生态与学生个体成长在不同时期可能面对的相关事务性工作与出现的教育问题为前提，以提供教育"能量"为基本思路。

以预为原则，不仅仅是德育课程设计的基本原则，也应该是班主任其他常务性工作的原则。当然，预防并不能阻止所有问题的出现，但不预防只会出现更多的问题。

2. "变"是关键。

班级的发展与学生的成长不可能一成不变，没有两个班级的发展是完全相同的，学生的成长也是如此，所以我们必须学会变通：当某些教育问题已经出现或班级发展到不同的阶段，有必要将相关课程提前或增加更多的内容。

比如，一个发展较慢的班级，也许围绕一个习惯养成的问题，我们就需要整整一年或更长时间的努力。一个发展较快的班级或班级学生个体比较优秀，我们可能需要输入更多的"能量"，以帮助班级生态和学生个体得到更好的成长。

3. "课程化"是核心。

在班主任工作范畴内，很多时候，我们缺乏课程思维，缺乏对班主任工作的整体统筹与设计，多是碎片化的呈现。

以班会课为例，我们喜欢把它做成一节节的、单个零散主题的，缺乏统筹规划。课程化的班会课是将班会课整体统筹规划，具有系列化、持续化、整体构建的特点。

德育讲究长程性。所谓长程性，就是把同一项目的活动过程拉长，让拉长的过程形成教育效果。

4.生态整合是关键。

大家可以看到我的很多活动整合了多个学生成长的生态，这依然是一种可能性，而非必要性。也就是说，能整合更多学生成长生态一起发力，则更能形成教育合力。

前面的课程框架是以时间为线索来思考的，在后面的几节中，我将从课程类别这个角度给大家做详细阐述。

第二节　如何实现愿景课程化

首先，让我们以学生的视角做一次角色互换。

当你怀着无限憧憬来到一所全新的学校时，你对它一无所知，对新班级的班主任和每一位老师都充满好奇：他们长什么样？他们会不会很凶？他们会不会对我很好？这三年里，会发生什么？我的未来会是怎样的？我的同学会是怎样的？我未来的班级会是怎样的？

任何一个孩子，在走进新的学校、进入新的学习阶段时，其内心会有强烈的自我期望：一种日渐具体的自我观念，对自我行为表现及未来发展方向所持有的知觉与期望。这种自我期望让他们的内心世界达到更高的接纳度，并以强烈的好奇心作为外部表现。

作为学生家长，他们同样对新的学校、老师与孩子新的学习征程充满期待。这种期待感让他们对老师、学校的第一印象记忆深刻，甚至会影响到其对学校生态、老师整个教学阶段的评价。

愿景课程就是基于这种思考来设计的：尽可能地让学生在面对一个新的阶段或即将到来的重要事件充满自我期待时输入持续性的推动其成长的能量。

一、让入学流程与学生自我期望完美共振

无论是新的班级还是每个学期开学，入学报到是非常重要的。这个流程能够回应家长与学生对新的学习征程的期待，营造更好的家校关系与师生关系，为新学段或新学期的工作打下坚实的基础。

（一）做好前置家校沟通工作

接手新班级的第一件事，就是给全体家长和孩子打一个电话。这是我们必须做好的事情。

除了常规性的事务外，一般情况下，我还会申请加家长的 QQ 或微信。

接下来，我会给全体家长和孩子写一封公开信，并通过 QQ 或微信在报到之前发给他们。

在公开信里，我会表达对全体家长与孩子的期待，表达我的工作态度，并对家长与学生在未来三年的成长与发展提出建议，同时呈现个人的一些教育理念。

（二）重视开学报到的仪式感

作为新生与其家长，对即将到来的初中生活的期待不言而喻。那么，入学报到那天的仪式感，自然是对学生自我期望最好的回应。

我会在开学报到那天做好如下几项基本工作。

1. 将教室收拾得整整齐齐，并在黑板上用心设计一期漂亮的欢迎板报；

2. 将自己收拾得干干净净，力争给家长和孩子留下一个好印象；

3. 准备好个人的联系方式等材料，放在显眼的地方。

……

在报到流程上，我会设计一些在常规流程之外的不一样的仪式：

1. 与第一位来报名的家长和孩子深情拥抱，并在欢迎板报前合影；

2. 以任务的方式让每一位家长在教室板报前留影；

3. 如有时间，我会让家长和孩子在板报前互相用一分钟讲述自己对彼此在未来三年中的期待。

……

我希望家长与孩子们在报到的第一天能为彼此留下一张照片，加深对这一全新起跑线的印象。

（三）开好第一次主题班会

新班级第一次班会的目的不外乎：尽可能多地呈现每位学生对彼此的印象，让班级同学有一定的熟悉度。

下面是很适合新接手班级在第一次班会课的团队拓展活动时使用的基本设计框架。

1. 班会课目的。

通过一系列的游戏，让班级同学尽快熟悉彼此，建立感情；了解学生的性格特点和特长爱好。

2. 班会课流程。

分组游戏：通过游戏将班级同学随机分成若干组；

组内游戏：通过一个小游戏让小组内部成员之间彼此熟悉；

竞赛游戏：通过三个小游戏来分出奖励组和惩罚组，奖励组可以获得提前准备的小礼品，惩罚组将在班会上表演一个集体节目。

3. 具体流程。

分组游戏：缘来是你。

班主任将6张（根据组数定）不同的图片撕成若干（每组人数）部分，每人自取一张，在班主任发出"开始"口令后自行寻找同张图片的其他部分，然后拼成一幅图（这就是之后的游戏小组），按照完成的先后顺序，得分分别为10、8、6、4、2……

竞赛游戏一：青春点名册。

小组成员围成一圈坐好，确定一个小组长，所有组员依次起立说几句话介绍自己，再由小组长指定任意一人边上的第几人，如王五左边的第六人，则王五须说出此人姓名及其他已知信息，依次继续，答错的或超过 5 秒未答的组员接受组内小惩罚。

注意事项：

小组长须记录下每个人的名字并带动气氛，惩罚时间不可超过 20 秒；尽量每个人都点过。

竞赛游戏二：其他拓展小游戏。

……

这个活动式班会的主要目的是让班级同学更好地熟悉。前面几个游戏实际上就是为之设计的，后续的小游戏，大家可以根据班会课时间的长短来增减。

班会课结束前，我会重点强调这么几句话。

1. 从今天起，我们是一家人了，要长相守了，长相守是一种考验。

2. 这个班级不是我一个人的，是属于在座的全体同学的。

3. 从今天起，我们都是一张白纸，往后我们每一天点滴的表现，都像是在这张白纸上画下的一笔。在未来的某些时刻，我希望每个同学画出来的，都是美丽的图画，而不是让它成为一张被你随手涂画的、不知道是什么东西的废纸。

……

以上内容主要围绕班级生态的意识构建、班级的主人翁意识以及学生的自我期待。尤其是第三句话，我希望孩子们能在初中阶段"空杯清零"，从头开始，放下过去的成功与失败，迎接新一轮的成长。

二、用"时光胶囊"激发学生的美好憧憬

当学生正式开启初中生活之后，我开始考虑这样一个问题：学生对于初

中生活的美好愿景，能否伴随他们整整三年的成长呢？

人的记忆是容易遗忘的，当美好的憧憬随着时间的流逝或被生活中经历的挫折消磨之后，学生也许很快就忘记了"我从哪里来？我在哪里？我要到哪里去"了。

斯宾塞的遗忘曲线告诉我们：在学生刚习得这种美好的愿景时，必须强化它。不仅如此，还要让学生对这种愿景产生深刻的记忆，并且能在未来的某些时刻能经常唤醒它。

所以，我想到了一个奇怪的玩意儿：时光胶囊。

在刚接手馨蕾53班的时候，我决定给孩子们埋下一颗时光胶囊，做一门也许能跨越三年的愿景课程。

基本操作流程为：

1. 通过"遇见未来的你"的主题班会课的讨论发言，启发学生对当下自我的反思，激发和推动学生的自我期望，达到让学生自我唤醒的目的。

2. 撰写"写给未来的自己"的信件，并进行精心设计与美化，进一步增强学生对本次活动的重视，持续激发学生的自我期待。

3. 以具有仪式感的时光胶囊封存仪式，将"写给未来的自己"的信件集体公开封存，增强学生对时光胶囊寄托的情感和记忆，以期时光胶囊在未来的日子里帮助学生自我纠正、自我成长。

4. 三年后的中考前夕举行时光胶囊启封仪式和班会课，让学生在时光穿梭中实现自我回望，启发学生进一步自我成长。

"遇见未来的你"的班会课的主体框架是：

1. 教师讲述：接纳当下不完美的自己。

2. 个人发言：你眼中最美好的自己是怎样的？

3. 个人发言：你想让自己三年后成为什么样的自己？

4. 教师主导：引入"时光胶囊"的概念与意义。

5. 教师主导：宣布"时光胶囊"愿景课程的整体流程。

6. 布置"写给未来的自己"的写信任务及要求。

班会课结束后，我在班级里宣布了一则征集启事：征集一句刻写在时光胶囊上的话。对于我收到的几十句话，孩子们集体投票选出这句话："最好的我们，在未来的此刻等着我们！"

这句简单的话看似表达有误，但仔细一想，是那么贴合"时光胶囊"愿景课程的意义。

时光胶囊的密封性和防水性能很重要，网上有铝合金材质密封效果非常好的成品可以购买。店主还可以帮我在胶囊上刻上班徽和大家一起想出来的那句话。

孩子在撰写"写给未来的自己"那封信时，那份认真的劲头是我完全没有想到的。

几乎每个孩子都用稚嫩的笔调对自己美好的将来表达了一种期待，我同样写下了一句话："我们种下了一颗希望的种子，将在两年后开成一朵灿烂的花。朝向美好是我们共同的愿望。最好的我们，在未来的某刻等待着我们！"跟他们一样，我另外写下了一封给未来的更好的他们的信。

在第二周的班会课上，我们依次把那封"写给未来的自己"的信件郑重地投入时光胶囊，在全体同学的注视下，将其封存。

在这节班会课上，我讲了这么一段话：

有一句话是这么说的："我们无法改变昨天，我们无法预料明天，我们唯一能把握的只有今天！"在我们看来，我们希望我们的"明天"也是可以预料和改变的，而这种改变来自我们今天对"明天"的展望和当下的不断努力与进取。

然后，我与全班同学一起将这颗时光胶囊像宝贝一样埋在了学校的一棵大树下，并共同约定，临近中考的时候，我们将打开它，一起回首两年来的点点滴滴。我想，到时候我又拥有了最好的励志教育和中考动员的资源。

在其后两年岁月里，每当我们经过学校那棵埋下我们对未来无限期待的树时，总会多停留一会儿。这份期待就这么静静地躺在那棵树下，也在期待着一个更为美好的未来。

遗憾的是：两年后，我因为工作单位变动，离开了那群孩子。在离开之前，孩子们跟我说："老师，天下没有不散的筵席，我知道您想成为更好的自己，我们也会像您一样努力。但我们都希望您明年春天能回来，跟我们一起打开曾经许下的美好愿望。"

2017年春天，我回去与孩子们一起在那棵树下挖开因岁月沉淀而变得坚硬无比的土层。在来来往往以奇怪眼神看着我们的行人的注视下，时光胶囊破土而出。在出土的那一刻，我与孩子们一起欢呼。

在班主任张老师的组织下，我们举行了"时光不老，我们不散"的主题班会，在场的还有大多数家长。

班会课上，孩子们依次朗读了他们的信件。在那些含着泪花的脸庞里，我读到了成长的美好，读到了不经意间给他们的人生留下的最宝贵的回忆。

那一刻，我深切感受到了"最好的我们，在未来的此刻等着我们！"这句话的力量。

然后，我跟张老师共同决定了一件事：这个时光胶囊，我们要再次埋下，让它成为孩子们高中三年里自我期望的最好陪伴。

这个课程的外延再次得到拓展。

我再次给孩子们写了一封信。在张老师的带领下，他们再次写下了"写给未来的自己"的一封信，并与我写给他们的话同时封存在时光胶囊里，约定高考结束，我再次参加他们的聚会，一起打开它。

这个课程在我最早设想的时候，并没有预计到它的力量会这么大。

在我来到广东工作之后，这个课程再次得到新学校领导的认可。他们以学校整体操作的方式让它在学校这个更高的生态层面得到实施。

我们整合了家长资源，通过让家长也写一封给三年后孩子的信的方式参与到这一活动中来，意图达到德育与学科课程的融合、家校沟通和良好亲子关系的建立的综合教育目标。

在"时光胶囊"封存仪式上，学生、家长、老师依次将一封写给三年后的自己的信件放入"时光胶囊"内并封存，然后埋入校园某个做了标记的角落。在三年后的毕业典礼上，我们将重新启封"时光胶囊"，收到这封来自三年前写给自己的信。同时，我们将会实施这一德育课程的后续部分：继续让学生和家长写一封给十年后的自己的信，予以封存，等待约定开启时间的到来。

我们希望播下一颗爱和成长的种子，让家长、孩子、老师一起形成对更好的自己的期待，内化为每个人的行为。

我相信，教育不应该是死板和冰冷的，而应该是浪漫和温暖的。

三、以开学报到重新唤醒学生的自我期望

需要承认的一点是：愿景的美好在经历时间流逝与现实的磨砺之后，会逐渐消失。在最初的亢奋期过去之后，每个人对于自己的期待也会逐渐减弱。

我们在班主任工作中能明显感觉到这一点，尤其是一学期过去，当长假来临，学生会在假期中沉浸于相对舒服的环境中，对于新学期产生抗拒感。"最初的梦想"逐渐会被舒服的当下"吞噬"。

若不在开学前对学生的状态进行调整，也就是我们常说的所谓"收心"，不少学生返校后会出现不能准时起床、心理焦躁、学习提不起劲等现象。而且，学生越小，抵制力越差，症状越明显。

那么，我们该如何把这种可能上演的"灾难片"变成充满希望的"青春励志片"呢？

下面以2018年寒假收假的假末课程与开学流程课程来说明。

（一）开学前："寒假余额"变"存款"

很多时候，我们担心学生在假期里玩手机、看电视、玩电脑，"不务正业"，所以很多老师和家长容易把"断电"计划作为调整假期状态、实现学生"收心"的主要手段。这似乎并不正确。

其一，强制性的做法会给学生带来焦虑，而焦虑往往是导致一些"成瘾"问题的关键。

其二，强制戒断性的做法会让孩子产生逆反心理，倘若在新学期尚未开学的时间就让孩子滋生逆反情绪，很显然会让孩子对新的学期产生抗拒心理，成长就"输在起跑线上"了。

是什么造成假期的这种"堕落"状态呢？是作息时间的混乱。它带来的是身体生物钟的混乱，给身体带来不适感，产生"想要更舒服"的潜意识。

因此，如何引导孩子们从混乱的作息时间中走出来，调试到学校作息时间的状态，是假期"收心"的一大重点。

问题在于：对于孩子来说，假期的慵懒状态是他当下的舒适区，规律的作息时间成了他的非舒适区。我们需要让规律的作息时间这件事变得有意思，这样做起来才不会感觉痛苦，非舒适区也就变成舒适区了。

作为班主任，假期中孩子们不在我们身边，更没有办法操作这件事情。但发达的网络为我们提供了实现的可能。

金点子一：大家一起来起床

活动目的：

通过 5 天的对作息时间的逐步调整，达成让学生将作息时间和生物钟调整到开学所需的状态。

需要利用班级家长微信群或家长 QQ 群，操作如下。

1.先在学生群或亲子群来一段激励人心的话："孩儿们，从明天起，我们一起来玩个小游戏，这个活动的名字就叫——大家一起来起床……"至于后面的话，我就不在这里说了，相信大家肯定比我说得好。主要目的在于调动学生参与的积极性。

2.让学生利用微信群或 QQ 群起床签到。个人认为，QQ 群比较方便，因为 QQ 群可以发口令红包签到，费用可以通过班费开支。

3.此活动必须努力整合家长的力量，如有可能，调动家长一起参与，起到监督和陪伴的作用。

4.具体进阶性签到时间分布如下。

表 4.7　进阶性签到

日期 时间	第一天	第二天	第三天	第四天	第五天
起床签到时间	9:00	8:30	8:00	7:45	7:30
睡觉签到时间	23:00	22:45	22:30	22:15	22:00

注：签到时间在表格中规定的时间之前即可。

在这个活动中，几个重要的问题值得注意。

1. 这个活动的重点在于"大家一起"，一个人做一件事没有意思，但大家一起来做，就有意思了，尤其是大家一起睡觉、一起起床。

2. 班主任要善于抓住群里的一些有益资源，如同学之间的相互"鄙视"、激励签到打卡时间较早的学生等，把表扬肯定和激将法结合起来，进一步调动学生参与的积极性。

一个小的问题在于：我们能看到孩子们的签到打卡，但倘若小家伙们签到完毕没有睡觉或继续赖床，我们无能为力。

所以，整合家长的力量，并让"我们无法叫醒一个装睡的人"成为群里激励的辅助性语言，引导孩子"言行一致"，尽可能帮助更多的孩子调整好作息时间。

当然，活动要有奖励，可以用 QQ 口令红包的形式对按时签到的孩子进行微小额度的红包奖励，也可以结合班级管理体系中的相关奖励机制进行评比。我们的做法是：给予校本货币的累计奖励，打卡签到多一天，奖励就翻倍。

这个活动能利用"假期余额"转化成调整学生作息时间的动力，从而为新学期蓄力。

金点子二：扫除力大比拼

"扫除力"不是神秘力量，而是通过对自己生活环境的打扫产生能量，创造出正面连锁效应的磁场空间。这样的磁场空间会改变你的心态，让你焕然一新，拥有良好的心情。

"扫除力"一词来源于日本作家舛田光洋的《扫除力》这本书，各位不妨买来看看，或许还能帮我们形成更多的正面情绪。

活动目的：

通过让孩子们对自己的书房或学习场所、生活用品进行整理、清洗，及对开学物品的自主整理，提升"扫除力"，形成"即将开学"的心理，让自己有一个好心情，迎接即将到来的新学期。

操作方式：

1. 调动家长和孩子的积极性，让家长和孩子一起对自己的书房或学习场所进行大扫除与整理，清洗自己的衣物和鞋袜。拍照上传到家长群和学生群，并进行评价和公示。

2. 班主任结合学校开学通知，列出开学所需物品清单，让学生对自己开学所需物品进行整理和准备。

这个活动的重点在于独立自主。我们可以根据学生年龄层次来开展这个活动，中小学生可以有所调整，以能否独立完成作为标准，意在培养学生的独立自主意识。所以，提醒家长让学生独立自主完成是重中之重，学会让学生放手自己做事情，是逐步提升学生自主能力的关键。

良好的心态带来的是对未来生活的期待，而准备妥当开学物品也能让孩子们形成对新学期的良性期许，同时还培养了孩子们的自我管理能力与独立自主意识。

（二）开学时：流程让"灾难"变"温馨"

我们都明白仪式感很重要，也明白，一个孩子倘若开学时开心地来到学校，其内心是有很多期许的。唯有满足这种期许，才能增强其内心的愉悦。

因而，"开学第一课"很重要。某个学期，我们的开学报到流程如下。

1. 在接待处领取"新生报到流程单"，并在"新学期愿景"展板上签字；

2. 在黑板前拿着新年对联，一家人一起合影；

3. 找班主任报到，简单交流，领取新年红包；

4. 完成新年任务单上的任务，上交相关假期作业；

5. 将本报到流程单交给班主任；

6. 去宿舍找生活导师安排床位；

7. 报到完成，准备 18:30 分来教室上晚自习。

我们每学期开学都会做一块"新学期愿景"展板，供同学们签字、合影用。展板上的励志语句如下：

幸福是奋斗出来的！

奋斗的过程本身就是一种幸福！

新学期，我们用勤奋书写，用汗水凝结，用理想铺路。

在此，我需要对各个流程做一个说明。

流程 1 是一个仪式，也是一个愿景被唤醒的过程。

流程 2 有利于促进家庭生态和谐。

流程 5、6、7 无须解释。班主任必须将教室卫生打扫干净，在黑板上绘制创意欢迎标语，收取相应的假期作业等，这些属于我们的常规工作，不再详述。

我们来重点看看流程 3 和流程 4。

我们的红包里有三样东西：全体老师共同参与撰写的新年祝福语、面额不等的校本货币和一份小小的开学报到任务单。学生必须完成红包内相关任务才能获得红包里的相应奖励，并进入报到的下一个环节。

任务单里有什么呢？

（1）给你的父亲或母亲一个深情的拥抱。

（2）将你的父亲或母亲抱起来。

（3）大声将自己的新学期愿景告诉自己的父母。

（4）大声对父亲或母亲说："爸爸（妈妈），我爱你！"

（5）给你最喜爱的老师一个深情的拥抱。

（6）对自己过去一学期中最想要感谢的人大声说出自己想说的话。

……

看起来依然很常态，对不对？

这个任务，你想要关注学生什么方面，就可以做对应的创意设计，比如，本学期你想要关注"自信"这个话题，就可以设计相应的任务单。我们打印出来裁成条状，塞到红包里。当然，每个红包里都只有一项任务。

这个红包和任务的意义何在？仅仅是普遍性地设置这么一个环节，传递教师对学生的祝愿，增进师生的沟通，用任务对学生进行教育吗？

当然不是。教育的效果很多时候是由细节来达成的。同样的一件事，我们仔细动脑筋，以不一样的视角来操作，就会有很不一样的效果。

我们来看进阶性的"精准标靶定位"操作。

想要让那些平日里存在感低的孩子多一些幸福感吗？那就把校本货币较多的红包拿出来让他抽取，怎么抽，他都能"中大奖"，成为全班同学中的幸运儿。

想要让那些平时跟家长关系比较紧张的孩子缓和一下亲子关系吗？那就让他抽到一个跟爸爸妈妈说一声"我爱你"的任务红包吧！

想要让那些平日跟同学关系比较紧张的孩子缓和同学关系吗？那就让他抽到一个拥抱自己身边的同学的任务红包吧！

想要让那些缺乏规划意识的孩子规划自己的新学期吗？那就让他抽到一个说出自己新学期的愿景与打算的任务红包吧！

……

只要我们提前对红包的金额与对应的任务单进行规划，并针对学生的不同情况分类，然后拿出来让学生抽取，就可以让发放红包与完成任务上附带"因材施教"的功能，实现"精准标靶定位"教育。

开学后的班会第一课非常重要，班主任务必精心设计，做好做精细。

因为学生对于这个集体已经非常熟悉了，所以操作方式与新生入学的第一次班会略有不同。基本形式有交流式、展示式、小组讨论式、团队建设活动式等。内容也可以从"回顾假期""展望新学期""班级团队建设"等角度展开，以"温暖的回忆推动孩子们前行，心灵的鸡汤与励志的言语激励学生"为主要内容。

对于这一课程，我会在不同的学期，围绕该学期的班级重点工作做一些调整。如：暑假开学，我会让学生在假期给自己最喜欢的人（家长、老师、同学均可）准备一份小礼物，在开学报到当天，每人在班级黑板前让家长录制一份对最想感谢的人的小视频。本学期的主题是感恩。

这个课程开设于新学期开学时，重新唤醒学生对新学期的"自我期望"，再结合"我是理财高手"这一习惯养成课程，实现由假期生活向学校生活的完整过渡。

这样的课程，家长也有参与。通过网络技术，我们关注到学生在家庭生态里的相关情况，也希望能整合家庭、学校的教育力量，为学生新学期的成长输入新的能量。

若我们在班级生态建设上卓有成效，每个孩子都能在班级生态中实现自己的价值；若我们的学校生态里的学科课程与相关活动能牢牢吸引住学生，我想开学时的所谓"收心"教育就没有多大的意义了。

这正是教育生态的魅力。

九年级毕业前，还有一个愿景课程——"愿出走半生，归来仍是少年"。它的主旨很明确：朝向学生对未来的憧憬。一般以精心准备的主题班会、毕业班会等方式来呈现，鼓励孩子们为未来努力，也可深化孩子们对母校的感情。

愿景课程依托学生进入初中或每个学期开学时对新的学习阶段的自我期望，以系列化活动课程的方式与学生的自我期望形成共振，为学生在新阶段的学习与生活输入强大的能量。

第三节　如何打造习惯养成课程

良好的习惯不仅包括学习习惯，也包括卫生习惯与生活习惯等。作为一位初中班主任，尤其是住宿制学校的班主任，让我感到学生习惯的重要性。无论是为学生的成长也好，还是为班主任工作也罢，关键的问题在于如何培养习惯、什么时候培养习惯。

实际上，学生的很多习惯在小学的时候就已经形成，与其说培养学生的习惯，不妨说是纠正学生的坏习惯，同时培养学生的好习惯。这种纠正和培养，仅仅靠班主任是很难做到的。

因此，我们继续以生态的视角来看待这个问题：我希望能将家庭生态的力量整合进来，一起为学生良好习惯的培养发力。所以，我采取了家校共建的方式。

这一类课程，在课程框架中有如下呈现：时间管理、我是理财高手、要理性不要感性（成绩归因）等。

大家可以发现：在框架中，七年级上学期的习惯养成课程比重最大，而到了九年级，所占的比重就非常小了，这也契合整个初中学生的成长规律。

在七年级上学期，孩子们的自我期望是最高的，这个阶段也是孩子们最能接受改变的时候。同时，每个学期开学，我们都需要让学生有一个调整过渡的阶段。所以，这两个时间点，我会下比较大的功夫。

如下习惯养成课程供大家参考。

一、我是整理小能手

基于学生刚进入学校，对学校生活，尤其是住宿生活的适应问题，以及良好的生活规律问题，我们必须通过一些方法让学生快速适应。

在学校整体生活习惯教育的基础上，我穿插了这个课程：

学生刚刚进入初中，部分学生第一次离开父母住宿，他们和父母均不适应，但基于班级主体刚刚建立，家校关系、家长信任程度不一，因而，依据基本原则，家校共建的课程设置朝向解决班级物品摆放不整齐、卫生习惯不够好等简单但又重要的问题。

操作方式如下。

（一）德育作业（家庭生态部分）

1. 德育作业布置。

"我是整理小能手"家校共建作业

辅导孩子整理物品，如柜子、书桌等，如您忙，可以让孩子在家帮您整理。拍一组照片，配上点赞文字晒到自己的朋友圈并截图发到微信群。

文字格式：【家校共建】之物品整理＋您想说的话。

根据完成的质量，评为 A＋ 的奖励理想币 1000，A 等 800，B 等 500，C 等 300。

两点说明：

（1）为何要晒，原因如下：孩子需要肯定、家长需要肯定，晒出来，孩子与家长均能得到满足感。

（2）注意前面的用词"辅导"，为何要用这个词呢？很简单，我需要的是家校共建，须借助家长的力量教会孩子做好物品整理工作，而不是简单地在家做一次卫生。

2. 家长呈现。

在此环节，我会非常认真地检查家长的截图，并一一给予回复评分。我不担心家长们完成的积极性：在校本货币的推动下，孩子们会主动要求家长给他拍照并发截图。大家还记得在第一章中，我给大家呈现过班级的"财富值总榜"，表中有一栏为"家校共建作业"。我会将评价结果换算成数字计入其中。

（二）班级操作（班级生态部分）

开学后的周一的班会课上，我会以班级教室的物品整理为主题，在对学生进行教室与个人物品整理指导之后，进行全教室物品整理与分类布置设计意见征集，推动学生自主设计，并进行教室物品整理的优化。

关于这种课程的操作，有两点是需要注意的。

1. 德育作业布置环节：事先必须跟家长充分沟通，推动家长对学生进行指导，而不是简单地让学生独立完成物品整理，拍照发朋友圈，环节要清晰，要起到作用。重点强调辅导而非包办与完全放手，让学生在有家长指导的前提下独立完成。

2. 班级实施环节：意见征集与自主引导要充分，不要过多对学生进行强制指导，充分发挥学生的主观能动性。

若学生在实际操作过程中做得不够充分，可以将本课程时间延长，做2～3周，依据学生的成长状况进行调整。

（三）课程拓展（家校共建部分）

在后续的一周中，基于班上学生的整体情况，我又补充了"我是卫生小能手"的课程，解决学生连基本的打扫教室卫生的能力都有所欠缺的问题，这就是根据班级实际情况进行调整的表现。学生德育作业的文字如下。

家校共建之"我是卫生小能手"。

家庭执行方面的具体要求：在家长的指导下，对房间进行卫生打扫的步骤指导与注意事项指导，由学生独立完成该房间的卫生打扫任务，家长陪伴，打扫完毕后与孩子一道（尽量由孩子完成）总结房间卫生打扫的注意事项与步骤等。再按照打扫卫生的顺序拍6—9张照片发到朋友圈。配文字的格式为：

【家校共建】之"我是卫生小能手"＋您想对孩子说的话以及孩子对于本次卫生打扫的总结文字。

基本操作流程与上面的类似，不再赘述。大家完全可以根据自己班级的情况进行设计与操作。

二、时间管理

学生进入初中时，由于小学和初中的节奏明显不一样，很多学生会完全失去对自己时间安排的能力，不知道自己需要完成的作业和需要做的事情，这会给学生造成很大的困扰。

所以对学生进行时间管理的指导，帮助其更好地适应初中生活是在刚接手班级时班主任要做的事情。

所以，我会在七年级开学后，设计、实施时间管理课程。

首先，在班级开展"做时间的主人"主题班会课。

（一）"主人还是奴隶"时间管理测评

（1）我会在每学期开始时为自己制订一学期的学习和生活计划。

（2）我在课余时间不感到无所事事。

（3）我把自己的东西放得井井有条。

（4）我做事情能坚持到底。

（5）我在做事情时不容易受其他因素的干扰。

（6）我能有条理地完成自己该做的事情。

（7）我能分清什么是当前最该做的事情。

（8）我能够做到及时反思自己利用时间的情况。

（9）我每天都能按照计划进行学习和娱乐。

（10）我每次做事之前都提醒自己要高效、保质保量地完成。

（11）我每时每刻都知道自己应该做什么事情。

（12）我每天都能按时起床。

（13）我认为自己做事情效率很高。

（14）我在任何时候都不曾感觉自己无事可做。

评价标准：每个题目有三个选项，选"A"记5分，选"B"记2分，选"C"记0分。

0—30分：说明你管理自己时间的能力还有待提高，需要从计划性、坚持性、合理性、反思性等方面来提高自己的时间管理能力。

30—50分：说明你具备较好的时间管理能力，但是有的方面还有待提高，请仔细分析自己平时的表现，看自己在哪些方面还需要努力。

50—70分：说明你具备很好的时间管理能力，只要坚持下去，一定会收到很好的效果。

（二）七嘴八舌话时间

全班同学围绕"在你过去的初中生活中，你觉得哪些时间是被你白白浪费了"这一问题自主发言。

（三）小组交流

以"我们该如何管理自己的时间"为题，小组集体讨论并形成意见，以小组呈现的方式来构建学生的时间管理意识。

（四）做时间的主人

呈现史蒂芬·柯维的时间管理四象限，然后通过引导同学们对一天的相关事情进行分类，让大家学会处理事情时做到轻重缓急。

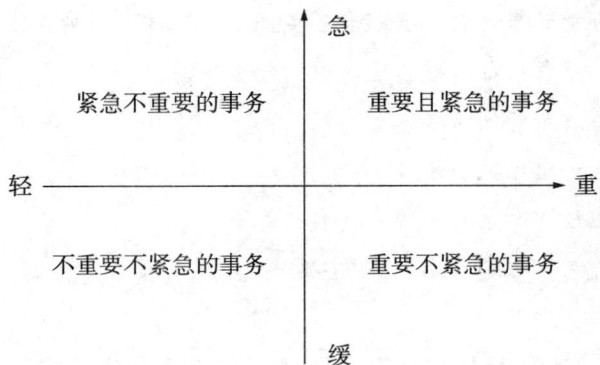

图 4.1　时间管理坐标系

这堂班会课结束后，我给全班同学下发了由下面表格组成的《时间管理手册》。

表 4.8　时间管理

序号	事项	优先级别	是否完成	后续跟踪	备注
1					
2					
3					
4					
5					
6					
7					
……					
今日总评：　　　　　　今天，你"拖"了没： 　　　　　　　　　　　　　　　　组长签名：					

这份《时间管理手册》一共有 30 份这样的表格，需要学生每天用它来记录自己一天应该完成的事务，并根据柯维的时间管理四象限来区分轻重缓急。然后，自行跟踪完成，最后交给小组长签名。

这份表格不以自己的评价结果来评价学生，但我每个星期会围绕这个表格进行一次全班性的总结和分析。在下一周的班会课上，我会再次围绕同学存在的相关问题进行分析和思考，以 30 天的持续性构建让学生形成比较好的时间管理能力和习惯，提高他们对初中生活的适应能力。

三、我是"理财"高手

当学生的生活适应能力逐渐提高之后，我们将对学生日常表现方方面面的习惯进行纠正与培养。这种纠正与培养是全方位的，事无巨细，可能需要班主任做相当多的细致工作。

我的思路是，希望有一种可供孩子们和家长共同反思与形成自我纠正能力的方式，于是就有了这个课程。在第一章中，我给大家呈现了班级全体同学基于量化评估的财富值表，这只是一个量化的结果。我会以班本货币或校本货币量化的结果呈现，但这仅仅是奖惩学生的结果吗？我想到利用它来引导学生纠正自己的不良习惯与反思自己的行为：对自己每周获得的"财富"进行分析，简称"理财"。

做"财务"分析的根据是：通过前期构建起来的学生对理想币的积极性，让学生与家长一起深入分析自己的财务状况，通过对理想币的财务分析，找到自己的优点与缺点，激发学生自我成长的动力，朝向学生全方位的习惯养成与学习积极性的培养，引导学生反思与自主成长。

财务分析不是为了所谓"理财能力"的培养，而是为了培养学生好的习惯、学习表现、自我教育能力等。

操作流程为：

（一）布置德育作业（家庭生态部分）

"我是理财高手"家校共建作业

实施目标：通过与家长共同对孩子们的本周财富值进行分析（分析方法请见另外下发的《个人财务状况分析表》），以期让孩子与家长一道找出学生

"财务"现状中的"优良资产"与"不良资产"，确定改良计划，争取在下周有所改良。

实施方法：请家长抽空与孩子们一道，对自己的"财务"状况进行分析，填写《个人财务状况分析表》，并签字。

财务分析表如下：

表 4.9　理想学堂"青稞班"个人财务状况分析（正面）

项目	整体评估	状况分析	改良办法
工资部分			
奖金部分			
扣款部分			
其他			

家长签名：

（反面）

尊敬的各位家长：

首先，请您审阅孩子本周的理想币总值表，它比较客观公正地反映了孩子们在各个学科、各个板块的综合表现情况。我们可以发现：孩子们所得到的理想币数额有较大的差异，有些孩子不在意细节，如作业未交、柜子未整理、迟到早退、缺乏体育锻炼、为班级服务的积极性弱等，导致他们拿不到高额的"工资"和"奖金"，还被扣很多分，所以"财富"收入很低，甚至出现负数。

作为家长，请各位要尊重和理解这个结果。这些财富值会给学生很深刻的体验，也许是成功感，也许是失败感，我们要做的，是让孩子们在这种体验下得到成长。

所以，请各位引导孩子们对自己的"财政"状况进行分析，找出"富有"与"贫穷"的原因，从而促进他们反思与找到改良的办法，推动他们自我修正。学会让孩子们与一周前的自己比，让其不断改善自己的"财政"状况。

我们可以尝试对孩子们进行以下方面的引导。

1. "财富"分析：有没有工资？有没有奖金？有没有扣款？

2. "财富"状况改善：怎么才能有工资或更多的工资？怎么可以得到更多的奖金？各个学科怎么表现，才可以有更多的奖励？怎么避免被过多地扣款？

3. 下周目标：从孩子们自身情况分析，跟孩子一起找出可以改善的地方，作为下周的目标，争取在下周改善自己的"财政"状况。

4. 孩子们手头上还有多少"现金"？

所有的方法，目的都在于帮助孩子们改正缺点，推动其在课堂、班级、舞台、理想学堂这个教育生态里更好地成长。

家校共建，一起加油！

（二）主题班会课（班级生态部分）

周一班会课对每个同学的"财务"状况进行详细分析，并指导部分同学的财务状况，评级打分后在班级走廊共享全体同学的财务分析表，在家长群公布作业完成的评价结果。

我会特别关注上一周中"财富值"较低的同学在本周的表现情况，多表扬并引导其获得更多的"货币"奖励，以配合其在周末与家长共同进行的"财务"分析中形成积极的心态。

（三）进阶操作（家校共建部分）

这个课程到这里并没有结束，只是开始。在第二周的周末时，我会布置同样的作业，但是表格会有所改变。

表 4.10　理想学堂"青稞班"个人财务状况分析

项目	进步状况	现状分析	进一步的改良办法
工资部分			
奖金部分			
扣款部分			
家长评估		签名：	

表格反面写给家长与孩子的文字部分也调整为如下内容。

请尝试对孩子们进行以下几个方面的引导：

（1）进步状况：与上周比较，在某个板块是否有所进步？

（2）现状分析：在目前状况下，各个板块做得如何？

（3）下周目标：从孩子们自身情况分析，跟孩子一起找出可以改善的地方，作为下周的目标，争取在下周改善自己的"财政"状况。

（4）进一步的改良办法：在各个板块怎么做，才能获得更多的"财富"？

所有的方法都在于帮助孩子们改正缺点，推动其更好地成长。

家校共建，一起加油！

大家应该看出，我对分析相关的项目进行了调整，开始指向让家长和学生分析学生在本周进步的地方，这也是为了更好地促进学生进步。

这样的课程，在七年级上学期时，我会持续做3—4周。在每个学期的前几周，我也会根据班级情况做2—3周。

这个课程在最早的时候难以被家长接受，尤其是当个别同学表现不太好而导致个人的班本货币量很少甚至为负数时，部分家长并不接受。

在七年级时，青稞班有一位男孩子在本课程开始的第一周，就出现了负数的量化结果。当我把班级的班本货币量化统计表发到家长群，并布置了"我是理财高手"的周末德育作业时，这个孩子的家长着急了。

他私底下打电话给我："老师，我的孩子的表现有这么差吗？都是负数了，这对他的打击是不是太大？要不您给他加点呗！"

我耐心地跟他解释了这个量化评价的过程，并表明我个人没有权利改变这个结果。同时，我也与他深入沟通了这些问题。

（1）孩子表现不好是暂时的，但是必须面对，不能让他表现不好还能有好的结果，这样对他的成长是很不利的。

（2）如何帮助他成长，并改变那些坏的习惯才是重点，所以建议您理智、客观地面对这个评价结果，利用"我是理财高手"的德育作业与他进行深入沟通与分析，与他一起找出自己扣款多、加款少而导致负数的原因。

（3）给他找出怎么可以获得更多财富累积的途径，并跟踪他下一周的表现。

一开始家长并不是很愿意接受，抱着试试看的态度做了一周，然后就给我打电话说："老师，孩子很在乎，说自己将来的理想是成为比尔·盖茨那样的商人，结果自己的财富值是负数，太丢脸了。他说一定要改正缺点，养成好习惯！"

在后续的几周中，我与家长紧密配合。很快，这个孩子就适应了学校的生活，并在学习与生活中改掉了许多坏习惯。他的"财务"状况也越来越好。

在促进学生良好习惯养成的过程中，我并没有简单地将这个问题以管理或评价的方式去解决，而是综合学生的整体表现，通过量化评价的方式呈现，再通过所谓的财务分析的方式促进孩子自主思考、自我反思、自我修正与自主提高。

四、长假主题综合作业

在长假中，我们很难陪伴在孩子们身边，很多家长又缺乏良好的教育方式，所以，很多时候，我们通过一学期的努力给孩子们培养出来的好的生活与学习习惯，到了假期就有被坏习惯"逆袭"的可能，以至于原来的努力前功尽弃。

如何更好地整合各方资源，有效破解这一难题呢？

我想到的是：分学期确定主题，并以主题为中心构建系列化的假期综合课程，结合班级管理体系构建有效的评价机制，从而扩展班主任工作的时间与空间，形成更有效的教育合力，更好地促进孩子们养成良好的习惯。

以七年级下学期的暑假为例，我在假期以"自律主题——假期综合实践作业"的方式来实施这样的课程。

（一）主题作业呈现

首先，看一看我在假期前布置的一份不一样的作业。

七年级下学期家校共建暑期作业：让自律成为一种习惯！

各位家长，亲爱的同学们：

我们是否有过这样的行为：只要一放假，就凌晨两点入睡、中午12点起床？上午电脑、下午手机，像一个躺在床上吸食鸦片的瘾君子而置家人于不顾？吃了睡，睡了起来看电视，看完继续吃，然后发现我们在本不该有小肚子的年龄拥有了一个圆圆的小肚子？一直玩，一直玩，玩到假期结束前两天，昏天黑地地补作业，补到感动自己？感觉自己每天像一具行尸走肉，然后感叹暑假太长，期盼快点开学？因为孩子在家这些不好的表现让家长朋友们烦躁不已？

请不要否认你有过这样的经历，有人说过这样一句话："人们最大的敌人是自己，最大的任务是战胜自己。"

家长、孩子们，假如你想过一个有意义的暑假，假如你愿意让孩子跟你一起，在人生有限的时间里，做更多有意义的事，假如你愿意成为一个拥有良好自律品质的人，给你们一个挑战、战胜自己，让自己的暑假过得更有意义的机会！

完成它们，你得到的不仅是丰厚的理想币奖励，更多的是战胜自己的成就感和让人惊叹的成长！收假之后，我们将回收本作业，并对作业完成情况进行检查，评比一批"自律挑战之星"。

　　能战胜自己的人，在上天那里，是一道最美的风景。

　　挑战一：让锻炼成为你的一种习惯。

　　孩子们，一个拥有良好体育锻炼习惯的人绝对是一个优秀的人。

　　请完成下面这项挑战吧：

　　自己选择一两项运动，坚持 20 天。我们的奖励规则是：坚持第 1 到第 4 天，每天奖励 100 理想币；第 5 到第 8 天，每天奖励 200 理想币；第 9 到第 12 天，每天奖励 300 理想币；第 13 到第 16 天，每天奖励 400 理想币；第 17 到第 20 天，每天奖励 500 理想币……以此类推。也就是说，你若能连续坚持到最后一天，最后四天的理想币奖励将会是每天 500 个。

　　坚持 20 天的完整奖励将会是：100×4+200×4+300×4+400×4+500×4=？当然，要是有间断，重新开始就要从 100 重新以四天为一个单位计算。

　　赶紧把你们的父母拉下水，你将获得双倍奖励哦！别让他们的日子过得太"舒服"啦！嘿嘿！

　　你选择的运动项目是：(　　　　　　　　　　　)（可以多项）

　　你的陪伴人是：(　　　　　　)，选择的运动项目是：(　　　　　)

　　请自己确定挑战开始的时间，每天完成挑战后在打卡处画"☑"，签名处由陪伴人或见证人签名。

表 4.11　打卡

日期									
打卡									
签名									

　　挑战二：有规划的人生叫蓝图。

　　有一句话是这么说的："没规划的人生叫拼图，有规划的人生叫蓝图；没目标的人生叫流浪，有目标的人生叫航行！"

　　有没有尝试过对自己的生活进行规划，然后一丝不苟地付诸行动呢？尽管这会让我们感觉不舒服，但是否还记得那句话："往往那些让我们感觉不舒服的，就是让我们成长的"？

请与你的父母一起，制订 5 天的学习计划，每天只需 4 小时：上午两小时，下午两小时。请精确到每一天每个小时做什么，然后行动起来，让自己成为语言和行动的双料巨人吧！

我们会根据父母对你们的签名与评价确定你在该项挑战的评级，A 等奖励理想币 1000，B 等奖励理想币 600，C 等奖励理想币 300。

利用下面的表格规划自己这 5 天的学习生活吧，自评等级用"A、B、C"，签名由父母完成。

表 4.12　我的小蓝图

日期	时间段	任务	自评	签名
	上午 1			
	上午 2			
	下午 1			
	下午 2			
	上午 1			
	上午 2			
	下午 1			
	下午 2			
	上午 1			
	上午 2			
	下午 1			
	下午 2			
	上午 1			
	上午 2			
	下午 1			
	下午 2			

日期	时间段	任务	自评	签名
	上午 1			
	上午 2			
	下午 1			
	下午 2			

家长朋友，请写下对孩子在这一环节表现的评价吧。

挑战三：挑战最难战胜的自己。

首先，我们先要明白一件事：游戏也好，手机也罢，它们是无罪的。事物都有两面性，要看我们怎么使用它。在现实生活中，许多孩子乃至家长朋友成了"低头族"和"资深网民"。

接下来，这项挑战自然会有点难度。

规则很简单，假如你某一天内使用手机或玩游戏没有超过 1 小时，就可以请你的父母在下面的表中写上当天的日期并签字打卡。

奖励规则：

集齐 40 个签名，可评为特等奖，奖励理想币 5000；

集齐 35 个签名，可评为一等奖，奖励理想币 3000；

集齐 30 个签名，可评为二等奖，奖励理想币 2000；

集齐 25 个签名，可评为三等奖，奖励理想币 1000；

此外，本项挑战的获奖者还会有额外的神秘奖励！

"人们最大的敌人是自己，最大的任务是战胜自己！"敢不敢一战，就看你自己！

表 4.13　史上最难挑战签名表

日期									
签名									

挑战四：你可以选择。

下面的"暑期小甜点"列表中，有大量的任务要完成，但请不要着急，你可以在每个板块中挑选一项按照表中列出的方式完成。

下学期开学的时候，我同样会对完成情况好的同学给予丰厚的理想币奖励和精神奖励。

表 4.14　暑期小甜点

板块	任务详述	完成方式	进度
生活能力	1. 与家长合作完成一桌可口的饭菜，并完成后续的清洁工作	请父母将相关照片上传到班级 QQ 群的相关相册内作为佐证	
	2. 与父母一起进行一次大扫除，注意你要承担主要的工作任务	请父母将相关照片上传到班级 QQ 群的相关相册内作为佐证	
职业体验	1. 体验某一种职业一天，写出职业体验的感想（温馨提示：可作为语文的随笔）	请父母将相关照片上传到班级 QQ 群的相关相册内作为佐证	
	2. 在所在小区体验环卫工人的工作，并写出体验的感想（温馨提示：可作为语文的随笔）	请父母将相关照片上传到班级 QQ 群的相关相册内作为佐证	
亲子沟通	1. 就下半学期的学习和成长与父母举行一次民主的家庭会议	将会议记录附在本作业的后面作为佐证	
	2. 就当下社会的某种现象，与父母进行一次民主的对话，并写出交流感受（温馨提示：可作为语文的随笔）	上交相关交流感想即可	

自我反思："道德许可"与"光环效应"。

当我们做了一些自我感觉良好或很有成就感的事情之后，有时会为自己的胡作非为找到借口并大开绿灯，会为自己暂时的成功沾沾自喜而想要奖励，这在心理学上称为"道德许可"与"光环效应"。

当你成功完成上述的三个挑战之后，有没有想要放纵一下的念头？有没有"我都坚持这么久这么好了，放纵一下也没有关系"的想法？是不是觉得纵容一下自己就是对"这段时间坚持"的最大回报，从而又开始不锻炼、无规划、疯狂地玩手机和游戏来填补自己的空虚？

同学，那不叫坚持，更不是自律。真正的自律是一种习惯，而不是一场战斗！

请与父母一起分析，在这个暑假里，自律是否成为了你的一种习惯吧！

表 4.15　自律分析

自律等级	自我反思	家长评价

（二）作业解读

这是一份印刷出来总共 4 页 A4 纸的"作业手册"，它将陪伴孩子们的整个暑假生活。

本次作业以"让自律成为一种习惯"为主题，通过激发家长与学生参与的积极性，引发学生与家长参与以下四大挑战。

（1）让锻炼成为你的一种习惯；

（2）有规划的人生叫蓝图；

（3）挑战最难战胜的自己；

（4）你可以选择。

下面对四项作业的目标指向与设置形式做一个简单的说明。

1.让锻炼成为你的一种习惯。

这一设置重在锻炼学生的意志品质与持之以恒的毅力。我的评价偏向学生的持续坚持，奖励以校本货币"理想币"的形式实施，让学生在"越坚持越富有"的心态下参与到挑战中来，以学生打卡、家长签名的形式增进亲子沟通，强化家长对孩子的评价权。同时，也期望孩子们给家长一定的"压力"：家长参与其中则有更高的奖励，以期共同营造健康、良性的家庭生活模式，促进学生所处的家庭生态良性发展。

2.有规划的人生叫蓝图。

这一环节注重学生对自己生活与学习规划能力的培养。我没有设置很长的时间段，主要是不希望给学生太大的难度，让学生丧失参与的积极性。

其基本评价与奖励方式与第一个挑战类似，这里不再重复。

3.挑战最难战胜的自己。

本环节直指学生最可能在暑假出现、家长可能最为头疼的问题：沉溺于手机与游戏。对学生来说，这一挑战可能最具难度，所以我在语言的叙述中强化了激趣，并对这一问题进行简单的说明，不给学生带来心理压力，但提供了多层级的奖励方式。

4.你可以选择。

这一环节，我提供了几个可选的板块任务：生活能力板块指向学生的"健康生活""责任担当"等素养的培养；职业体验板块指向学生的"实践创新"素养的培养；亲子沟通板块重在引导良性家庭亲子关系的形成和"责任担当"素养的提升。

这几个板块的作业均有整合性的评价方式与奖励方式，共同朝向一个主题——提高学生的自律能力，以期给家长提供参与的机会，拓展学校教育的外延，以家校合力共同营造完整的教育生态，着力于学生良好生活与学习习惯的养成。

最后的自我反思板块，才是本次作业的核心目标，通过心理学名词的解释与提问式引导让学生自我反思，让家长参与互动，激发学生的成长内驱力，进而促进良好习惯的形成。

对于这样的作业，我在每个寒假与暑假都会布置，整合社会实践作业、习惯养成等内容。同时，每个学期的期末作业设置的主题都不一样：

七年级上学期为"坚持"主题；

七年级下学期为"自律"主题；

八年级上学期为"感恩"主题；

八年级下学期为"职业体验"主题；

九年级上学期为"奋斗"主题。

大家不妨以这些主题尝试整合各方资源，设置一些有价值的课程，并予以实施。

五、成绩分析与学习引导

作为班主任，我们无法逃避学生的成绩问题。

相信每个班主任都会在激发学生学习动力上下功夫：管理好班级，给任课老师营造良好的授课环境，激发学生的自主学习动力，培养学生良好的学习习惯等。

那么，当学生成绩出来之后，我们该怎么办？

其实，考试结束之后，学生是很在意成绩的，哪怕某个学生平时看起来不在乎。

此时，学生的心理状态有多种：或欣喜，或气愤，或自责，或骄傲，或平淡如水，但相当多的学生处于"高兴"或"自责"的状态，尤其是考得很好或不好的学生。这时也是老师们找学生聊学习，学生接纳度最高的时候。

一般情况下，我们会举行表彰和总结班会，作用是：与学生喜悦或悲伤的情绪共振。

在我看来，这是一个不可多得的用来激发学生学习动力与培养学生学习习惯的好机会，若只是简单地表彰与总结，未免有点"虎头蛇尾"。

所以，我在每次期中考试后，都要进行成绩分析与学习引导。下面是"要理性、不要感性"家校共建模式下的成绩分析与学习引导课程。

（一）家庭生态部分

期中考试结束之后的第一个周末，我会下发如下的周末德育作业。

"要理性、不要感性"家校共建作业

尊敬的家长、亲爱的孩子们：

期中考试结束了。

也许现在的你很快乐，因为考得不错；也许现在的你很烦恼，因为考得不好。也许你会快乐、平静、悲伤、后悔，也许你心里就像打翻了五味瓶。

别紧张，这只是一次普通考试而已，考得好的，不要骄傲，考得不好，不要着急，对于初中三年的学习来说，一次考试根本不算什么，最重要的是你能在这次考试中汲取成功或失败的经验，总结和反思对自己以后学习有帮助的方法。

所以，理智地看待问题，正确地分析问题，聪明地解决问题，才是最重要的。

初中的学习生活中，任务重、科目多，所以学习方法很重要。理性地对待一次考试的结果，找到自己考得好或者不好的原因，能在后续的学习中保持自己做得好的，改善自己做得不好的地方。那么，大家知道该怎么对自己的考试成绩进行分析和总结反思吗？

请与家长一起，拿起你的试卷，认真完成这份作业吧。

亲子共读部分：

请与你的父母一起，认真阅读下面的内容吧。

亲子讲堂：如何进行成绩分析与考后反思。

在学校，各科老师虽都会分析，但仅限于本门功课而已。回到家里，家长要与孩子一起对期中考试的整体情况做一个分析，弄清楚孩子的错误、薄弱点在哪，哪些知识点掌握了，哪些还不熟练，哪些是非常生疏的，然后进行针对性分析，有计划地改正。

一、知识学习分析指南

1.看：和孩子一起仔细浏览卷子中的每道题。重点看三类：错题、答起来不顺的题和凭运气做对的题，对那些掌握比较熟练的题可以略过，这样可以迅速地找出问题所在。

2.找：找"病根"，将错题、难题所对应的课本知识罗列出来，先记录到记录本上，让孩子弄清楚原因并加深记忆。

3.治病：让孩子对这些知识做一个由点及面、更深、更广地复习，彻底搞清相关知识体系及相互联系。最后摆脱试卷，给他们出相应的题目，真正做到举一反三。

二、学习方法分析指南

有的孩子学习态度、习惯也较好，但成绩经常处在某一水平，难以突破；还有的孩子学习老是拖拖拉拉，不能集中精力，作业做得慢、解题解得慢，这往往都是学习效率较低导致的。

要让孩子学会劳逸结合，学习之余适当休息和锻炼，利于保持清醒、敏捷的头脑，有充足的精力。另外，玩的时候要痛快地玩，学习的时候一定要全身心地投入，手脑并用，在课堂上充分吸收知识。

学习态度是决定成绩好坏的前提条件，要想取得好的成绩，必须端正自己的学习态度。如果在考试中，记忆性的题目失分过多，那显然是学习态度的问题。要思考自己的学习是否扎实，对于新知识是否只是停留在了解、识记的层次，有没有掌握和运用；是否心存侥幸心理，认为平时拖拉点没事，只要考试前几天，认真一点就可以应付。

如果存在上述问题，要抓紧帮助孩子制订学习计划，养成好的学习习惯，及时调整被动学习的状态。

三、考试技巧提高指南

1.策略是否得当：尝试了解孩子考试的时间安排是否合理，有没有出现先紧后松或先松后紧的现象，孩子觉得考试时间不够，很可能是没有合理安排时间。

改正方法指南：首先大致看一下试卷内容，然后按照题目先易后难的顺序做，遇到暂时解决不了的问题时，等全部答完后再回来处理，这样不仅可节省时间，还可获得心理优势，防止出现交卷时很多题会做但没时间答的窘境。

2.是否按标准答题：要认真分析是否存在不标准答题现象或很明显的低级失误。比如，不按要求涂答题卡、字迹潦草、答案写在密封线内（被装订看不到）等。

改正方法指南：要让孩子将不标准答题方式记录下来，在下面写上标准的答题方式，加深记忆，让他好好铭记这次"大教训"。

3. 是否摆正心态：在分析各学科考试成绩的过程中，要重点想想心态是否摆正了，英语听力是否因为纠结前面内容而影响了后面？数学是否因专注某道很难的大题而没有检查，导致丢了一些不该丢的分？

改正方法指南：要告诫孩子，一定要摆正心态，不急不慌，遇到难题就先略过，千万别因此心烦意乱，打乱整个考试节奏。

各位家长，考试成绩出来以后，过度的焦虑和急躁都不是好办法，"围绕问题想办法"才是有效帮助孩子进步和成长的理性思维。考后分析是为了找出新问题，发现新起点，追逐新目标。只有从中找出不足并持续改进，才能让孩子在下一阶段的学习中不留遗憾。

正确策略是：面对问题—分析问题—寻找办法—争取解决问题。

家校共建，让我们一起加油！

家长阅读确认签名：　　　　　　学生签名：

小南瓜作业部分

好了，读了上一页的成绩分析反思指南，小南瓜们，知道该怎么对自己的成绩进行正确分析了吗？拿好你的试卷，请对照试卷标记出自己错误的题次，完成下表。

表4.16　试卷分析

科目	分数	错误题次	请写出错误原因	请尝试就问题写出解决办法	你觉得自己有无学习态度问题，具体分析	你期待的本学科目标分数是多少
语文						
数学						
英语						
道法						
历史						

科目	分数	错误题次	请写出错误原因	请尝试就问题写出解决办法	你觉得自己有无学习态度问题，具体分析	你期待的本学科目标分数是多少
生物						
地理						
家长分析：						

请各位家长朋友针对孩子的成绩情况写一个简短的分析。

需要补充的几点是：

相当多的学生在考试之后，只是将自己对考试的体验停留在情绪的表层，缺乏理性的归因思考，产生很多负面情绪，而忽视了对学习方法与学习习惯的反思和总结。家长往往也会在学生考好或考差后陷入各种情绪，尤其是考得不好的孩子的家长，常常一味地批评孩子，忽视对孩子的正确引导。

我首先告诉孩子和家长如何进行考试分析，怎么正确归因，找到自己考好或考差的原因——他们需要正确的引导。所以，我在作业的开篇加了一份亲子阅读的内容，同时也是情绪引导与化解的方式。我希望用这份作业让学生与家长理性分析考试各个科目的成败，引导家长学会正确对待孩子的成绩：面对问题—分析问题—寻找办法—争取解决问题，以便形成良性的家庭教育生态。

设计目标分数的意义在于为后续的班会课提供素材。

（二）班级生态部分

本部分课程分为三个部分。

1. 主题班会课部分。

完成上面的家校共建作业之后，返校后星期一的班会课依然围绕成绩归因与引导进行。

其主要思路如下。

（1）利用家校作业，分学科统计各位同学在"审题不清、计算错误、知识点不清楚、书写问题、练习不够"等问题出现的总扣分情况。

（2）在各科错题中，你觉得哪些是自己明显不应该扣分的，哪些是你不敢确定答案却"幸运"拿到分数的？

（3）请全体同学计算自己在扣除"幸运分数"再加上各科不应该扣掉的分数之后的总分，你对这个新的总分满意吗？

（4）拟围绕上述各个问题，自由发表自己认为可能采取的解决办法。

（5）试指出哪些问题是可以短时间解决的，哪些问题是不能短时间解决的。

（6）尝试发表对自己各个学科的成绩分析：在提升自己哪些学科的成绩之后，你的总成绩会有很大的提升？

以上班会课的流程，大家可以根据班级情况自行设计，也可以创新组织形式，其目的在于给予考得不够好的学生信心，尝试引导学生思考考试成功或失败的原因，思考解决问题的办法。

班主任在引导过程中，要逐渐引导孩子们对自己学习方法与学习习惯进行总结、反思，让孩子们逐渐认识到提高学习成绩，首要的问题是培养学习方法与学习习惯。

2. 小组互动部分。

在班会课后下发下次考试目标激励单。

表4.17　××考试奋斗目标卡

语文	数学	英语	道法	历史	生物	地理	总分

奋斗格言：

小组互助人：　　　组长签名：

本人签名：　　　家长签名：

我会将这个卡片用彩印精美设计出来，让各小组在组内利用班会课的时间商议确定各自在下次考试的目标分数，并明确一名小组互助人，以相互见证的方式推动彼此成长。

3. 家庭生态部分。

在第二周周末，德育作业很简单：请与孩子一起商议下一阶段需要改良的学习内容，并在孩子的考试奋斗目标卡上签名。

在后半学期的学习中，这张卡片将张贴在学生的课桌右上角，陪伴和见证他的努力。

有时候，我也会以让各科考得最为突出的孩子介绍学习经验的方式，对上述课程进行补充。

成绩的分析与正确的归因是十分重要的，既能让考好的孩子理智对待自己的成绩，也能给予没考好的孩子更多的信心。我们需要利用考后学生对教师指导接纳度更高的心理状态，对孩子的学习习惯与学习方法进行引导，这样能更好地让学生主动改变。

这个课程是灵活的。在第一次作业之后，上述的亲子阅读部分可以取消，但需要保留其"骨架"，对家长进行家庭指导。也可以变换确定目标的方式，如不只是让小组内部确定目标，也可以让更多人参与到目标的制定中来。例如，家长会上，在对家长进行考试分析指导之后，让孩子与家长共同制定下一阶段的学习目标。

要点提示：

1. 学生的习惯养成是班主任的一项重要工作，如何以"育"的方式来实现我们的目的，而不是只停留在"管"的角度呢？在本节中，我提供了一些思路。

2. 我希望这样的习惯养成并不是由班主任以灌输和强制的方式来实现的，而是在活动中引导学生自我思考、自主分析、自主成长。班主任要做的是整合各方资源，形成家校教育场，以教育合力来实现"润物无声"的效果。

第四节　如何让课程为学生成长"排忧解难"

学生的成长过程绝非一帆风顺，会遇到相当多的成长困惑与问题；班级发展同样会在长期集体生活中产生非正面的班级舆论等问题；家庭教育生态中，由于家长对初中生的迅速成长产生焦虑，其家庭教育方法与策略也一样会出现很多问题。

以上问题，都需要我们在工作中根据学生成长规律，在问题出现或即将出现的阶段，努力为学生排除成长路上的阻力，转变学生个体在成长中形成的不良思想，协调学生成长中复合生态系统之间的关系。

唯有一个不断优化的成长生态，才能让学生不断地健康成长。正因如此，我在德育课程框架中根据学生成长规律与阶段性的问题预设在每个学期设置了 1～2 个"生态优化"主题课程。

在本节中，我按照时间推进的线索给大家举几个例子。

一、我们与孩子"谈恋爱"

对于学校教育而言，"早恋"依然是个敏感话题。

之所以说是"早恋"，其实更多的是因为学生在这个不恰当的时间里恋爱了，从而产生一系列的心理问题和生理问题，最终可能导致学业荒废或出现更多的成长问题。

但"早恋"与学业荒废的关系是没有实证的。若有，也许我们应该分析是否真的是"早恋"的问题，是否有"早恋—抑制—反抗或逃离—影响学业"的逻辑链存在。

恋爱是无辜的，若有错，也是错在一个"早"字——这个早字非指年龄。而我们的教育，很多时候是当事实已经发生之后，才开始实施管理和训诫，却忽视了教育本最该做的事：让孩子学会成长，包括怎么恋爱！

那么，能否让学生学会正确面对恋爱，学着思考怎么恋爱，学会避免因为恋爱而产生的方方面面的问题呢？

学校作为这一教育的主阵地，我们依然承担不起全部的责任，因为这本身就属于学生成长生态中两个重要的部分：家庭和学校共同合作才能完成。作为班主任，我们可以尝试作为引导者，引发学生对整个成长生态的思考，为学生成长提供可能的营养。

这就是家校共建德育课程"我们与孩子谈恋爱"这一主题课程的最初出发点。我把这个课程放在七年级下学期实施。

本课程分为四个部分，下面具体来阐释。

（一）爸爸妈妈和我"谈恋爱"（家庭生态部分）

本内容以周末家校共建德育课程作业的方式实施。

"爸爸妈妈和我谈恋爱"家校共建作业

尊敬的各位家长：

一转眼，孩子们已经从萌宝变成了翩翩少年。孩子们的生理在发育，心理在成熟，开始对异性产生好感和爱慕。家长应该把这看成一件好事，因为这证明你的孩子处于正常成长阶段，而且有丰富的情感。这对今后他/她的社会交际能力及与人建立亲密关系的能力都有极大帮助。而且，青春年华有一段青涩的情感，也是一种体验和经历。我们十分有必要在这个青春懵懂而萌动的年龄里与我们的孩子一起"谈谈恋爱"。

本周的家校共建作业是：

"我们与孩子谈恋爱"家校共建系列爱情课程之一：爸爸妈妈和我"谈恋爱"。

基于家庭亲子关系及孩子年龄、心理成长阶段的不同，本次作业我们完全尊重您的意见，可由您自己选择做或者不做。

您的选择是：做（　　　）　　不做（　　　　）

如果您选择不做，下面的各项任务就可以不参加了；如果您选择做，那么请与孩子一起坐下来，以诚恳的态度完成下面的相关任务。

任务一：完成如下的"真心话大冒险"，请如实回答哦。（必做）

学生部分

1.你对自己有没有清晰的性别意识？（我能意识到自己是个男孩子／女孩子）（　　　）

　　A.很清晰　　　　B.不太清晰　　　C.不知道怎么回答

2.生活中，你在与异性的交往中有明显的距离感吗？（有刻意保持与异性同学的距离的行为）（　　　）

　　A.特别注意　　　B.偶尔会注意　　C.完全不注意

3.你有没有觉得某个男生／女生特别优秀，内心里对其有好感或崇拜感？（　　　）

　　A.有过　　　　　B.基本没有　　　C.完全没有

4.你身边有没有同学有"恋爱"的迹象？（　　　）

　　A.看到过不少　　B.很少看到　　　C.从未看到过

5.你怎么看待"早恋"这个词？

6.关于"什么是爱情"这个问题，你有什么想说的？

7.有一句话是这么说的："爱一个人是需要能力的！"你怎么看？

答案评级：（　　　）（由家长评级）家长签名：

家长部分

1.您认为您的孩子对于自己性别的定位是清晰的吗？（　　　）

　　A.很清晰　　　　B.不太清晰　　　C.不知道怎么回答

2.您有没有告诉过孩子：跟异性朋友相处时，要特别注意保持距离？（　　　）

　　A.经常提醒　　　B.偶尔有过　　　C.从未有过

3.您觉得您会同意自己的孩子在什么时候恋爱？（　　　）

　　A.高中或更早　　B.大学　　　　　C.参加工作以后

4. 您在教育孩子的过程中有过与孩子民主、平等地沟通"恋爱"这个话题吗？（　　）

　　A. 有过　　　　　　B. 很少有　　　　　C. 从未有过

5. 您怎么看待"早恋"这个词？

6. 假如您的孩子已经有了"早恋"的迹象，您会怎么应对？

7. 有一句话是这么说的："爱一个人是需要能力的！"作为家长，您怎么看？

　　　　　　　　　　答案评级：（　　　）（由孩子评级）孩子签名：

任务二：我们跟孩子"谈恋爱"。（选做）

家长朋友们，如果您愿意跟孩子们聊聊您的爱情故事，那么您可以用平等交流的口头表达方式或给孩子写一封信的方式来完成这个任务哦。

我们均会保护好各位和孩子们的个人隐私，敬请放心。感谢大家的支持！

没有家庭教育的学校教育和没有学校教育的家庭教育，都不可能完成培养人这样一个极其细微的任务。

　　　　　　　　　　　　　　　　　　　　　　——苏霍姆林斯基

以上问卷式作业的设计思路如下。

1. 问题 1 朝向学生的性别意识，性别意识是恋爱意识萌芽的前提。

2. 学生板块的问题 2、3、4、5、6 是针对学生对"早恋"现象的认知进行调查，家长板块的问题 2、3、4、5、6 是针对家长对"早恋"问题的认知和对该问题的家庭教育状态等进行简单的调查。

3. 两个板块中的问题 7 是启发学生和家长共同思考，寻求家长在与学生沟通时找到交流的共振点，引导双方形成民主的亲子沟通局面。

这样的问卷调查不宜过多，家长会嫌烦。同时，我给家长提供了"参与"和"不参与"两种选项，尊重家长的选择权。

很多家长在群里向我反馈的意见主要有两条。

1. 不好开口，不会开口。

2. 孩子这么小，我们就跟他谈这个话题，不太好吧？

高比例的家长在孩子七年级下学期之前，从来没有跟孩子有过这方面的沟通。这也是当下中国家庭教育面临的困境：在家庭教育本该出现的地方，往往并没有出现。

也有高比例的家长在面对"如果您的孩子出现了这个问题，你会怎么做"时，给出这些答案：还没想好，我也不知道怎么做，我会跟孩子谈一谈——谈什么没有回答，较高比例的家长并不懂得怎么解决这个问题。

然而，学生的现状是什么呢？从小学起，我们就能经常看到孩子们彼此写着所谓的情书、递着字条、约着会……尽管我们完全不必为之紧张。

临近八年级这一时间段的孩子，多数已经在这个信息发达的时代里接受了太多的恋爱教育，而家长和学校总会"犹抱琵琶半遮面"，把孩子的恋爱教育丢给那些来历不明、良莠不齐的影视剧和书籍，这才是教育的缺位。

把教育工作做在问题出现之前，这才是教育。我们做不到预防所有的问题，但预防的作用在于当孩子们经历的时候，他起码会记得家长和老师说起过，这就已经很了不起了。

之所以要做调查问卷式的作业，是基于以下两点。

1. 教育生态学理念：以家校合力的形式来思考问题，营造教育生态共同体，而非学校、班主任的单一角度发力。

2. 为后续的课程提供相关数据，督导营造良性的家庭亲子沟通氛围，并为接下来的课程呈现提供心理准备。

（二）老师与孩子"谈恋爱"（班级生态部分）

课程的第二部分是收假之后的班会课。我在本班主持了"花开得太早，也是个美丽的错误"的主题班会，主动出击，侃侃而谈。孩子们主动发言，利弊不避。

班会课的主要原则在于：不夸大所谓早恋的恶果，实施恐吓式的教育，不强行归纳总结出某一个我们认为正确的结论，而以聊天的方式启发学生思考什么是真正的爱情，聊聊什么是最适合的人，聊聊我们应该怎么面对爱情。

班会课上的主要讨论点如下。

1. 为什么会有"恋爱"——剖析青春期。

2. 中学生的恋爱是不是"早恋"——不求标准答案。

3. "早恋利弊"大家谈——小组讨论自由谈。

4. 爱一个人，你认为需要什么样的能力？

我会结合前一周周末的德育作业来开展班会课，将德育作业以引导或"家长有话说"的方式适时整合到班会课中。

班主任保持良好的接纳度与开放性，很多有价值的问题才能得到生成。课后，我会给学生留一道思考题：什么样的男生／女生值得爱？

（三）我们该爱什么样的人（家庭生态部分）

结束班会课之后的周末，让学生思考"什么样的男生／女生值得爱？"这个问题后，该周末的家校共建德育作业如下。

尊敬的各位家长：

您好，衷心感谢您对我们工作的支持！

在上一周的作业中，我们通过与孩子一起完成问卷的方式聊了聊"恋爱"这个话题。在本周的班会课上，我们举行了以"花开得太早，也是个美丽的错误"的主题班会，深入地以民主、自由但不失提醒与建议的方式与孩子们一起探讨了这一话题。

"爱是需要能力的！""恋爱没错，太早才是错！""早不在于年龄，而在于我们有没有爱的能力"等，我希望孩子们能正确地认识到这些问题。

本周请各位家长与孩子一起完成下面的任务——真心话大冒险。

恋爱与婚姻是人的一生中非常重要又需谨慎的事情。作为父母，我们肯定希望自己的孩子爱情甜蜜，婚姻幸福美满，也希望自己能拥有更幸福的人生。那么，作为父母，我们心目中的孩子的另一半是什么样子的呢？孩子们，你们心中的白马王子（白雪公主）又是什么样子的呢？

本周的家校共建作业是：请父母与孩子一起探讨这个话题，并将相关内容记录在表格中。

表4.18　理想话题

项目	记录	签名
作为父母，我们希望孩子人生的理想伴侣是怎样的？		
你心目中的白马王子（白雪公主）是什么样子的？		
你认为自己该怎么做，才能在未来配得上那样优秀的"他"（她）？		

对于今天的对话，请家长朋友与孩子们相互评价对方在本次交谈中的表现吧：

您对孩子关于这个话题的看法的评价是：（A、B、C）

你对父母关于这个话题的看法的评价是：（A、B、C）

我会保护好各位和孩子们的个人隐私，敬请放心。感谢大家的支持！

没有家庭教育的学校教育和没有学校教育的家庭教育，都不可能完成培养人这样一个极其细微的任务。

——苏霍姆林斯基

这次的周末德育作业，家长们感慨良多，没有质疑和抱怨的声音。我通过一张表格，呈现给家长一种沟通的方式和一个沟通的支点。

在这次作业中，有很多精彩无比的作业，其中，一个孩子在作业中写道：

我理想中的白马王子是……

额，我想我应该变得更加优秀！

是的，只有更加优秀的自己，才配得上未来最棒的那个他／她！这是我们想要让孩子们明白的——唯有不断地自我成长，才能拥有更多的人生精彩。

（四）想说爱你不容易（后续生态课程部分）

接下来的课程实施以如下的主题轴用同样的流程和方式实施。

表 4.19　后续课程

序号	主题	朝向
1	什么样的男生值得"爱"	男生培养与发展
2	什么样的女生值得"爱"	女生培养与发展
3	"爱一个人，好难！"	换位思考、包容、责任
4	我们从哪儿来，我们到哪儿去	结合生物课上的生理知识，进行简单的性教育与自我保护教育
5	由以上主题课程中生发出来的其他主题	从问题中来，解决问题
……	……	……

由此，本课程完成对"早恋"问题的简单剖析，引导学生逐步思考如何成长为更优秀的自己，如何具有爱的能力，如何尊重他人和保护自己，乃至如何在未来成为更优秀的父母。

要点提示：

1. "早恋"本是伪命题，既然其来自学生所处的社会生态，我们应该回到其成长生态中去思考：以课程作统筹，整合家校力量，共同营造良好教育氛围。

2. 本课程还可以整合更多的资源：以恋爱为主题的系列化学校阅读活动和亲子阅读活动、生物、道德与法治课等相关学科的融合性学习、与更高年级的学生的对话等活动。

3. 家校共建是一种思路和可能性，如果您的工作环境还做不到这一点，不妨去掉家庭板块的内容。

二、家庭教育生态优化

七年级下学期是孩子度过对新学校、新班级、新老师和初中生活的好奇阶段之后的适应期，更是青春期问题多发、逆反现象明显抬头的阶段。新学期开学之后，我陆续接到几个家长的电话，反映孩子在家容易生气、喜欢跟父母顶嘴、脾气倔强、不听话等，个别家长甚至发出"悲伤"的哀叹："我那个听话的孩子去哪儿了？"这里面隐含的，也许是家长对我工作的质疑。

正因如此，个人认为，"亲子沟通"和家庭教育中出现的这些问题应该具有一定的普遍性。这是当下的问题，也是当下的资源，更是当下阶段孩子们深有的体验，利用得当、应对有序，完全可以成为很好的教育资源。我也有必要尽可能地让家长学会以正确的方式和方法与孩子沟通。

所以，这学期我会围绕这一主题构建德育课程，基本框架为：

1. 家校共建作业：真心话大冒险。

2. 主题班会课：大家一起来吐槽。

3. 后置课程 1：写给爸爸妈妈的一封信。

4. 后置课程 2：写给孩子的一封信（家长自愿）。

解读：

家校共建德育作业设计的初衷是一个导引，希望以德育作业的方式唤起家长的参与意识，也唤起孩子与家长对"亲子沟通"和家庭教育中出现问题的体验意愿。

主题班会是本次课程的重点，希望通过调查问卷，充分调动孩子们的参与意识，从而触及孩子内心深处的某些感觉，激发孩子们自我反思的意愿和自我成长的动力。

后置课程 1 作为孩子内心感悟的书面呈现，既是让孩子对自我的剖析过程，也是增进亲子关系的一个有力补充，更是对家长自我成长意愿的激发。

后置课程 2 不强求家长完成。设计的目的在于让家长更多地参与、自我表达与自我成长。

（一）真心话大冒险（家庭生态部分）

在开学后第十周的周末，我首先将家校共建作业布置下去，内容如下。

"真心话大冒险"家校共建作业

各位尊敬的家长、亲爱的同学们：

本次家校共建作业有点不同寻常，因为这需要大家的诚恳和勇气。本次家校共建作业分为家长板块、学生板块和亲子板块。请孩子们以快问快答的方式向家长询问并记录家长板块中的相关问题，然后打分；请家长朋友们以快问快答的方式向孩子询问并记录学生板块中的相关问题，然后打分，每个问题的回答限时 20 秒。最后再一起沟通完成亲子板块的相关问题。

本人会尊重大家的隐私权，为大家保密！

家长板块（由孩子提问并记录）：

1. 在你心中，你认为你的孩子最大的优点是：（　　　　　　）；

2. 在你心中，你认为你的孩子最大的不足：（　　　　　　）；

3. 在你心中，你对于孩子的评价是：（　　　）

　　A. 很懂事　　　　B. 比较懂事　　　　C. 一般　　　　D. 很不懂事

4. 你经常对你的孩子发火吗？（　　　）

　　A. 经常　　　　B. 偶尔　　　　C. 有过　　　　D. 从没有

5. 你最后一次对孩子生气是在什么时候？（　　　　　　）

（第 4 小题如选 D，则无须回答 5、6、7 题）

6. 对于这件事情，你很生气的主要原因是：（　　　　　　）

7. 对于这件事情，有没有工作、生活中的事情对你情绪的影响因素？（　　　）

　　A. 有　　　　B. 也许有　　　　C. 没有

8. 你的孩子平时会不会把自己的心里话或心事讲给你听？（　　　　　）

9. 当你的孩子有话想跟你说时，你的一般做法是：（　　　）

    A. 立刻倾听　　　B. 忙完再听　　　C. 偶尔会听　　　D. 很少会听

10. 你的孩子有没有对你发过脾气？（　　　）

    A. 经常　　　　　B. 偶尔　　　　　C. 很少　　　　　D. 从不

11. 你的孩子最后一次对你发脾气是什么时候？什么事情？

（第 10 小题如选 D，则无须回答 11、12 题）

12. 你认为这件事情孩子有没有发脾气的理由？为什么？

13. 你认为自己是一个受孩子欢迎的家长吗？（　　　）

    A. 必须是　　　　B. 算是　　　　　C. 可能是　　　　D. 不是

请同学们为自己父母的回答按照 A、B、C、D 四个等级评定一个等级：

（　　　）。

学生签名：

学生板块（由家长提问并记录）：

1. 在你心中，你认为你的父母最大的优点是：（　　　　　　　）

2. 在你心中，你认为你的父母最大的不足是：（　　　　　　　）

3. 你认为你的父母整体而言（　　　）

    A. 非常优秀　　　B. 称职　　　　　C. 还好　　　　　D. 不称职

4. 你经常对你的父母发脾气吗？（　　　）

    A. 经常　　　　　B. 偶尔　　　　　C. 有过　　　　　D. 从没有

5. 你最后一次对父母生气是在什么时候？（　　　　　　　）

（第 4 小题如选 D，则无须回答 5、6、7 题）

6. 对于这件事情，你很生气的主要原因是：（　　　　　　　）

7. 对于这件事情，有没有你学习、生活或者其他的事情对你情绪产生了

影响？（　　　）

    A. 有　　　　　　B. 也许有　　　　C. 没有

8. 在你看来，父母的什么行为会让你觉得有发脾气的冲动？

9. 你有没有感觉自己已经长大了？（　　　）

    A. 有　　　　　　B. 偶尔有　　　　C. 没有

10. 你认为自己可以明辨是非、自主成长、基本不需要父母的指导吗？
（　　　　）

　　　A. 完全可以　　　　B. 可以　　　　　　C. 基本可以　　　D. 暂时不可以
请家长为自己孩子的回答按照 A、B、C、D 四个等级评定一个等级：（　　　　）。
家长签名：

亲子板块：

请父母和孩子针对本次"快问快答"给对方写几句话。

1. 孩子，我想对你说……（由家长完成）

2. 爸爸（妈妈），我想对你说……（由学生完成）

　　整个作业分为三个板块：家长板块、学生板块、亲子板块。前两个板块问题的基本内容是相似乃至相同的。其主要指向自我反思、情景再现、换位思考等。值得注意的是家长板块的第 8 小题，其目的在于引导对自己家庭亲子关系的评判，而学生板块的第 9 题、第 10 题指向青春期孩子的一大心理特征：因为年龄的增长和心理的成长，孩子会产生一种"我已经长大了"的自我认定，从而对外界，尤其是家长、老师们的掌控式教育产生排斥，表现为易怒、对抗性心理、不接纳意见和反抗性行为。

　　这份作业相当于一份调查问卷，又不完全是调查问卷，它是我后续班会课的数据资源和心理体验资源。我设计的第三个板块——亲子沟通，是后续两个课程的一种预演。

　　基于七年级上学期一直在做的家校共建的系列化工作，90% 以上的家长与孩子完成了这份作业，80% 的家长与孩子们一起认真完成了这份作业，有两名同学因为与家长的对抗式情绪较为严重，所以作业上体现为两人各做各的，并没有采取现场的"真心话大冒险"的方式。

　　根据答卷问题统计，我发现，班级的多数家庭的亲子沟通关系还是不错的，只有少数家庭的亲子沟通和教育存在冲突性较大的问题。

（二）大家一起来吐槽（班级生态部分）

在我回收作业的星期天晚上，我校校本部刚好出现一例学生离家出走事件：学生在家经常与家长对抗沟通；父亲忙于工作，遇到挫折后，情绪化地教育学生，导致其在本周末返校时在母亲陪伴下坐上校车，后趁校车老师不备下车离家出走。在学校和父母紧急处理后，该生于第二天中午被找到，并同家长返回家中。

在他留给家长、委托同学给老师的信中，我们可以清楚地看到其离家出走的主要原因：家长长期采用不恰当的教育方式教育他。

这种现象在现今的环境之下，已经成为不鲜见的现象。

这也是我要设计这个课程的原因：以较为体系化的方式让孩子们朝着理解家长的方向思考；让家长反思自己在家庭教育中存在的问题，预防此类事件的发生，促进孩子健康成长。

本校学生离家出走事件在家长群里引发大量的讨论，围绕孩子教育问题的方方面面，有剖析这件事情中父亲的教育方式的，有剖析自己孩子身上存在的问题的，而更多的是对自己教育过程中存在的问题进行自我反思。

我认为，这种一味的"责己恕人"并不是良性教育关系所需要的，家长们基于对自己孩子可能的"离家出走"所产生的担忧会影响其对孩子教育原则的坚守，从而产生放纵孩子的念头，这明显是不好的。

我决定勇敢地承担起改变家长妥协式心态、让孩子们得到成长、引导孩子与家长正确认识这个事件的任务，并将原定的班会课内容进行了调整，加入这一最新的、发生在身边的"当下资源"。

星期一的第七节课是班级的常规班会课，处理完班级的常规小组管理机制事务之后，班会如期进行。

班会课的流程非常简单。

1. 讲述本校学生离家出走案例及其全部经过。

2. 分小组讨论、交流、发表对本次事件的看法，并对积极发言的小组进行评比评分。

3. 引导学生将思考转移到自己与父母之间的亲子沟通上。

4. "让我们一起来吐槽"：说一说父母在家庭教育中存在的问题。

5. 呈现各自家校共建作业中与父母有对抗式心理时自身存在的问题。

6. 教师引导式归因，升华班会课主题。

个别家长担心孩子在听说这个事件后可能会产生模仿行为。事实上，班上部分同学在当天下午早已知道这件事情，因为有同学与那位同学一同乘坐校车。迅捷的网络信息传递给孩子们的，又何止"离家出走"这么一种"威胁家长"的行为？

在班会课上，我发现孩子们其实对这一事件有非常正确和清晰的认识。在"让我们一起来吐槽"的环节中，孩子们以理性的方式表达了自己对父母在教育中存在的问题的一些看法。

在学生表达的过程中，我让孩子们顺便概括这些问题，并在黑板上写下这些词语：掌控、工作、情绪、唠叨、家庭矛盾、观点冲突、固化思维、嘴硬、急躁、传统家庭、对比……

孩子们在与父母的对抗式心理的反思中，同样做得很出色。

分析学生的问题时，我同样让他们用自己的语言来总结这些问题，并在黑板上写下这些词语：懒、情绪、选择性对抗、拖拉、玩游戏、丢三落四、易怒、自制力不够、不能换位思考、自大……

在随后的归纳中，我尝试从父母与孩子两个角度来引导学生对问题进行分析，有的是习惯问题，有的是情绪问题，有的是原生家庭的影响，更多的是我们对彼此更高的要求——有一种孩子叫别人家的孩子，有一种父母叫别人家的父母！

我们应该明白：没有人比父母更爱我们。这是他们所有的，哪怕是让你难以接受的教育行为的源点：他们爱你们！

随后，我说了如下这段话。

今天的你们，就是明天跟你们父母一样的父母，也许我们也会急躁、懒散、拖拉，也许我们也会望子成龙、望女成凤，也许我们也会因为生活琐事影响情绪，从而将怒火转移到孩子的身上，也许我们也会忙于工作而没有时间陪孩子，也许我们也会冤枉和掌控我们的孩子。

你选择怎么做？

是完善和改变今天的你，从而成为比你们父母更优秀的父母，还是选择不变而成为像今天的你一样懒散、拖拉、不懂得控制情绪的父母，从而有一天，也会有这么一个老师，在黑板上让孩子写下你们的不足？

今天我们自己的不良感受，到那天，你们的孩子也会感同身受！

……

在班会课的最后环节，我讲述了自己与父亲"相爱相杀"的故事。班会课结束时，我以下面这段话作为结束。

不管你是丑陋还是美丽、高大还是矮小、贫穷还是富有、聪明还是愚蠢，在父母心中，我们都是最好的，只是他们不懂得去表达爱。请大家记得一句话：哪怕你将来一无所有，无处可去，哪怕你失去了整个世界，你家里的那扇门，永远为你敞开！

在当天下午的家长群里，我放出班会课上非常随意的板书照片，引发家长对前一天学生离家出走这一案例和今天班会课内容的热烈讨论。很多家长询问自己孩子的"吐槽"——家长朋友们也开始了自我反思和总结归纳。

这是我期待的：教育并不能只在学校完成，也不能只在家庭里完成，唯有整合家长、社会、学校的资源，构建良性的教育生态，"鱼儿"们才能游得痛快！

（三）后置课程（家庭生态部分）

后续，我让孩子们给家长写一封信，同时鼓励家长给孩子们回一封信。

本次家校共建，我首先利用"家校共建"作业的方式创设了心理情境，利用偶然发生的可能产生不良影响的事件作为契机，以班会课作为主阵地，将微信家长群作为与家长沟通的平台。个人认为起到了一定的效果。

要点提示：

1. 家庭良性亲子关系的构建并不是一堂班会课就能起作用的，更需要在平时与孩子的交流、与家长的沟通、对更多资源的整合中不断推进。

2. 也许有用，也许无用，但教育就是在正确的时间节点做好我们该做的事情。

3. 基于生命的繁衍和文明的发展，也许教育最终极的目的，是教育孩子成为更优秀的父母。

三、"感恩"主题课程

这是一个我认为有点严肃的话题。

很多时候，我们总认为孩子们不懂得感恩，缺乏感恩的道德品质，并希望以感恩教育让孩子们懂得感激生命中的重要他人。

若探寻孩子们的成长之旅，我们会发现，当下的多数孩子是在祖父辈的宠爱、富裕的物质生活、独生子女家庭的背景下成长起来的，他们会不由自主地构建起以自我为中心的世界，强求其重视和感谢他人未免强人所难。

我们往往会寄希望于简单的说教，以讲道理的方式让孩子们懂得感恩，然而收效甚微。于是，我们看到许多畸形的感恩教育：给父母洗脚或以感人至深的演讲让孩子们与父母抱头痛哭等，哭过之后，依然如故。

缺乏体验、不能触动学生的内心世界，是德育低效的原因之一。

在我的德育课程体系里，我将感恩教育放在八年级上学期，也就是在实施了家庭教育生态的优化之后，以期与上一学期的家庭教育生态优化课程相呼应。同时，我并没有过度铺开，让学生能学会感谢除父母以外的其他人，因为我觉得"感恩"是一种心态，是一种孩子内心接纳外部世界、与外部世界相处的方式。如果他能学会感恩父母，也能思考感恩身边的每一个重要他人，温柔地对待这个世界。

我的感恩系列活动包含如下板块。

（一）家务系列德育作业（体验部分）

在八年级上学期接近期中考试的几周里，我会连续几周布置类似的家校共建德育作业。

青稞班家校共建德育作业

尊敬的各位家长、亲爱的同学们：

我们本周的德育作业是：请在父母的指导下，去菜市场挑选一家人一顿饭所需的食材，并在父母的指导下为家人做一顿饭。

要求：

1.请尽量让孩子自主完成，家长只提供必要的支持和指导。

2.请拍摄各个流程的系列化照片，上传到班级亲子QQ群的相关相册中。

在这个作业中，我并没有直接表明是感恩主题，想尽量淡化"感恩"的标签。并且，我每周会换一个花样，如跟父母一起进行家庭大扫除，跟父母一起计算一年内全家的支出，跟父母一起上班体验他们一天的工作，等等。

完成后，我会逐一检查相册中的照片，评定等级，给予校本或班本货币的奖励。

这样的作业一般会持续四周左右，其目的在于让孩子体验父母的不容易。

（二）感恩主题家长会（教育部分）

我会围绕这个主题举行一次主题班会，将其整合到学校常规开展的家长会中。具体方案如下。

1.相关准备。

（1）在家长会前，让家长在对孩子保密的情况下，提交两张与孩子的合影，一张为家长与孩子5岁之前的合影，另一张为最近一年内的合影。合影收集完毕之后，我会精心制作一个电子相册视频，以《时间都去哪儿了》为背景音乐和名称，将感恩父母的主题呈现其中。

（2）家长与孩子人手一张如下的小字条。

寻找生命中最重要的东西

2. 主题家长会流程。

（1）家长会常规事务性流程；

（2）播放《时间都去哪儿了》电子相册视频；

（3）班主任引导性发言，指向激发家长对孩子成长的感悟（很关键）；

（4）家长自由发言；

（5）体验式活动：寻找生命中最重要的东西。

我会提前下发准备好的小字条，首先让家长与孩子们各自在字条的5个方框里写下自己认为生命中最重要的五样东西，然后用PPT与背景音乐营造沉重的气氛，开始讲述：

"……此时此刻，我们面临一个抉择，上天告诉我们，我们每个人必须舍弃一样最重要的东西，才能彼此携手同行，请抉择，并将对应的方块撕去。"

按照这种操作方式，缓缓推进四次之后，孩子们与家长手中的字条最终只剩下一样最重要的东西。

最后，在《时间都去哪儿了》的背景音乐中，引导并邀请孩子们主动拥抱父母。

（6）以"当我们失去一切，我们才发现，身边的人才是生命中最重要的东西"启发、激励孩子们自主上台，以"爸爸妈妈，我想对你说"为话题发言。

（7）班主任以"珍惜当下，你才不会后悔一生"为话题做总结性发言，内容务必涉及学生在前几周体验到的父母的不易和换位思考以及引导孩子们逐渐改变以自我为中心的处世方式。

这个主题班会课并没有以简单的说教为中心，而是以一次体验式的"痛苦"抉择活动来体现父母与孩子在彼此生命中的重要性，从而激发彼此内心深藏的爱，进而把这种爱表达出来。

有了爱，也就有了感恩。

（三）后置课程部分（拓展部分）

进行完主题家长会之后，我会与语文老师携手，布置一份周末德育作业。

在你的生命中，除了你的父母，还有哪些重要的他人呢？请以"寻找生命中的重要他人"或"感谢你，我的××"为话题写一篇随笔。

本作业旨在拓宽学生对感恩的理解，拓展本课程的教育外延，引导学生珍惜身边的每一个重要他人。

要点提示：

1. 在这些活动前，不妨在开学报到流程、班会课及班级微班会或与学生的日常交流中凸显感恩主题。

2. 感恩并不需要学生舍弃自己，只为他人，所以简单的说教或强制性活动并不可取。这与人的自我性相冲突，并不利于达成教育目的。

3. 个人始终认为：单一的班会课无法实现或很难实现良好的教育效果，主题化、持续性的班级活动或德育课程才能取得较好的效果。

四、不得不说的手机问题

无节制地使用手机，尤其是用手机玩游戏的现象在学生群体中所占比例非常高。

我个人的看法是：手机本无罪，也不应该是个问题，但在平时的班主任工作中，手机确实成了影响学生学习与健康成长的大问题。

我首先要说的是：在十年前，这个问题的载体是电脑游戏，被称为"上网成瘾"，而现在，手机也成了问题。

如果认真思考一下，问题依然是那个问题，只是载体换了而已，因而，我们没有必要妖魔化手机。手机现象的背后，是学生现实世界存在感的缺失，或是缺乏陪伴之后滋生的自我封闭。当然，也有手机功能不断更新和大量良莠不齐的游戏或社交软件诱惑的原因。

我们常做的一件事就是"断电"：在学生出现问题之后强行阻断，或者是硬性规定、强制实施，希望学生与手机隔离，然而这会进一步增强学生的焦虑——这种焦虑才是理性思考缺失的关键。

我的做法一般是，结合学校的规定，在班级开展系列化的德育课程，争取让学生形成免疫力和对这一问题更深层次的认知，再辅以正确使用手机的方式与方法进行引导，尽可能地疏导学生。

（一）前置介入（家庭生态部分）

当准备开展这一课程的第一个周末，我会布置如下的家校共建德育作业。

"真心话大冒险"家校共建作业

尊敬的各位家长、亲爱的同学们：

手机是我们生活中常见且不可或缺的生活用品之一，它本该成为我们生活中有力的帮手，而当下却成为部分同学成长路上的一大阻碍。为此，从本周起，我班将围绕这个话题开展一系列的活动。

本周的家校共建作业是请家长与孩子们一起完成下面的问卷，这可能需要耽误您的一些时间。

1.请写出您所知道的手机功能：

家长填写	学生填写

2.请写出在以上手机功能中，您经常使用的功能：

家长填写	学生填写

3.您认为您的孩子／你的父母在手机使用过程中常使用的功能是什么？

家长填写	学生填写

4.生活中，你有没有因为使用手机而影响与父母／孩子的沟通？

家长填写	学生填写

5.如果对方玩手机而"忘记"了你的存在，你的心情是怎样的？

家长填写	学生填写

6.你认为手机是利大于弊，还是弊大于利？为什么？

家长填写	学生填写

7.你支持学校不让带手机进校园的规定吗？为什么？

家长填写	学生填写

8.请你给对方的回答评一个等级，并叙述理由。

家长填写	学生填写

　　需要说明的是：布置此作业的目的不是为了追求一个高大上的答案，而是让孩子与家长持续化地以民主、平等的方式沟通问题，减少焦虑。从问题的设置中，我希望孩子与家长一起思考这样一个问题：手机其实已经无孔不入，简单粗暴地拒绝于事无补，应该怎么办呢？

（二）主体课程一（班级生态部分）

回收作业之后，星期一的班会课照常进行，其主要流程如下。

1.手机知识抢答赛。

主要围绕手机的功能、辐射、相关使用方法等构建选择题库，以小组比赛的方式让学生回答，形成认真参与的气氛，为后续流程铺路。

2.真心话大冒险。

以"我生活中的手机问题"为主题，让各小组选出代表发言，根据发言质量予以评分。原则是：班主任必须以民主、平等与客观的态度对待所有的发言，不予以道德评价，引导学生将心里话说出来。

3.寻根。

以小组合作交流的方式，让各小组展开讨论，写出大家意识到的手机之所以成为问题的原因。

4.克服手机依赖症，我们有话说。

以小组合作的方式讨论如何克服手机带给我们的烦恼。

5.赞成还是反对。

让大家自由发言：学校规定不让带手机，你是赞成还是反对？

在这节班会课上，我不会要求学生的答案一定是正能量的，而是关注学生的发言状态与思考的深度。

（三）主体课程二（班级生态部分）

班会课结束后，我宣布下周班会课的主题——"手机利大于弊还是弊大于利"大辩论，让同学们积极报名参加。正反两方选出 4 位辩手，其余同学分别报名参加正反两方的智囊团，利用周末寻找资料，做好准备。

第二周的班会课上，开展此次辩论赛。在辩论赛上，最重要的是班主任总结部分，我希望引发这样一个话题：如何正确地使用手机？

（四）主体课程三（班级生态部分）

在第二周周末的德育作业上，我布置的任务是：请推荐对我们学习有帮助的一种手机 App，并在班会课上向全体同学做使用说明。

在第三周的班会课上，我会组织以"手机与我"为主题的班会课，其基本形式为：每组派出一位代表，向全班同学介绍一种能帮助我们学习的手机 App。在各小组完成指定任务之后，其余同学自由推荐，获得的评分可计入小组。

很多学生说出"趣配音""作业帮""阿滴英文""学神智囊""我要当学霸""学神宝典""猿题库""洋葱数学"等对学习很有帮助的 App。

班主任在班会课的总结部分一定要对如何使用手机进行充分引导，有了引导铺垫，总结才能深入孩子们的内心世界。

此班会课意在让学生正确认识手机、使用手机。

（五）后置课程部分（班级生态部分）

完成以上课程之后，我首先会激发孩子们参与的积极性，让全体同学参与到"班级手机管理公约"的制定中来，以民主制定、公示修改、调整公布、签名确认的方式形成"班级手机管理公约"，以正规仪式宣布有效并实施。

在长假综合实践作业中，我会在作业中布置与手机使用、电脑游戏等相关的作业内容，这也是巩固我们系列化课程的效果。

要点提示：

1. 手机本不该是个问题，手机的使用才是问题。所以，如何引导孩子们正确地认识到这一问题是重点。

2. 与其强行阻止学生使用手机（家长很难做到，老师也很难做到），不如引导孩子们怎么正确使用手机。

3. 关于手机的班规班约，如果以班主任为主体来制定，会成为班主任的个人意志，而作为相关课程让学生集体参与制定并实施，也许效果会更好。

五、七嘴八舌话追星

对于娱乐明星的狂热追捧所产生的"追星"问题，是小学高年级段到初中段孩子的一个常见问题。媒体的不良影响、孩子辩证看问题能力的不足、家庭与学校教育的缺乏，导致个别孩子在这个问题上出现状况。

社会上的"追星"导致的问题并不罕见，常见的问题是对娱乐明星的盲目追捧和不理性的经济投入，以至于影响正常的学业与成长。

对于初中生来说，这个问题显得更为突出一些。

我将这个话题设计在八年级下学期的课程中，包含三个部分。

（一）"爸妈也来聊追星"（家庭生态部分）

开始集中讨论这个话题时，我会安排如下的德育作业。

"爸妈也尽聊追星"家校共建作业

尊敬的各位家长、亲爱的同学们:

相信大家在成长的路上,一定有自己的偶像级人物,我们今天围绕追星的话题,请各位一起以民主的态度完成下面的表格作业。

表 4.20　追星问题调查

问题	爸爸或妈妈的答案	"我"的答案
1. 在成长路上,你有没有过自己非常崇拜的人		
2. "他"是谁		
3. 他属于下列哪种类型(历史伟人、娱乐明星、科学家、社会名人、运动员、身边的普通人)		
4. 你认为他最值得你崇拜的地方在哪里		
5. 他有没有什么缺点或不足的地方		
6. 你有没有一些因为他而自我感觉不够理智的行为		
7. 在你的身边,有没有你觉得特别了不起的人		
8. 你对孩子/父母回答的评级是		

这份作业主要是想实现这样的目的:营造整体的教育气氛,构建教育场力;通过问题引导推动理性的思辨力,并逐渐引导到与后续班会课教育相关的内容,实现班级主题班会课与家庭教育的有效连接。

从收集到的共建作业情况来看,家长明显意识到了我要做什么,所以他们的答案其实并不是绝对真实的,而是故意以名人、伟人等更多正能量的榜样做了一个善意的"虚假"答案。

从孩子们的回答中也能看出,不少孩子的偶像集中在娱乐明星这一类

（尤其以女生为主）。帅气的男明星，也就是我们常说的"小鲜肉"，会更受欢迎。

对于这份作业，我们没有必要纠结答案是什么。

（二）七嘴八舌话追星（班级生态部分）

本次班会课由如下流程组成。

1. 讲述"吴京与普京，傻傻分不清"的网络事件，并展开开放式讨论。

2015年3月，网络上有一个热点事件：由于演员吴京在一次电视节目中被主持人问"是否认识韩国人气组合EXO"时，他反问："不认识，男的还是女的？"由此EXO的粉丝们展开了疯狂的讨伐吴京的行动，开始攻击百度的"吴京贴吧"，同时连带"普京贴吧"一并被"爆"。对此，请同学们围绕下列问题展开开放式讨论。

（1）你认识EXO组合吗？

（2）你认识吴京和普京吗？

（3）你认为吴京不认识EXO组合，连累普京先生，这说明了什么？

（4）你有没有追过星？有没有心目中的偶像？

（5）你对追星有何看法？

（6）对网络上的这一事件，你有什么想说的？

讨论原则：

（1）不可随意打断别人的发言，请先举手然后由班长点名；

（2）观点自由，不可吵架，不可人身攻击，不可生气；

（3）所有发言必须围绕问题，只能讲述观点，不能点名攻击对方的偶像。

2. 听歌猜歌星。

选取时下最流行的一些歌曲播放，并让孩子们猜演唱者的名字。

3. 看图识人（科学家、中国著名人物、体育明星各4人）。

PPT呈现，让孩子们辨认这一类型的"明星"。第2、3环节意在营造发言气氛，并让孩子们在发言中对比自己对"偶像"一词的定义是否"狭隘"

与不理智。

4. 杨丽娟追星事件讲述。

重在教育孩子们理性追星。

5. 七嘴八舌话追星。（自由发言）

让学生围绕本节课的主题大胆发言，并抓住一些生成性的亮点予以引导。

6. 说说你身边的"星"（身边的老师、同学、亲戚朋友等）。

拓宽"星"的范围，引导更多的学生以身边可以看得到的"偶像"作为榜样。

7. 读文猜人（以班级榜样为主题写一段文字让同学猜姓名）。

此环节尤为重要，不仅仅是对第6环节的补充引导，更是对那些在班级里表现突出的同学的一次肯定。

8. 总结。

（三）自我反思部分（学科联动部分）

本部分我会借助语文老师的力量，让孩子们围绕"追星"这一话题写一篇作文，以随笔的方式，想写什么就写什么。

经过上面两个部分之后，孩子们在这一环节呈现出很多的正能量。

要点提示：

1. "追星"不是罪，关键在于是否理智和盲目，所以让学生理智地看待自己的偶像，学会学习偶像人物的优点，不盲目地认为"偶像"是十全十美的，是我们引导学生理性追星的重点。

2. 追什么样的星也很重要。引导学生看到身边最优秀的同学，是我在这个课程中用力比较多的地方。我也会引导学生向科学家、伟人、名人、运动员等偶像人物学习，学习其身上的优点，但不避讳其缺点。

3. 追星的孩子往往是不太理智的，所以强制性灌输与简单说教很难起到作用。在课程实施中，不能过度限制学生观点的表达，应该在给其充分说话权利的基础上循循善诱。

第五节　怎样实施学科融合性德育实践课程

什么是学科融合性实践课程呢？

简言之，它是以某一主题为核心，嫁接学生学科知识，整合社会、家长、学校等资源，构建教育场力，让学生在体验式的活动中达到道德素质、学科能力、综合素养等的成长。

传统的德育似乎以说教式为主，教育部发布中国学生发展核心素养之后，对于如何培育核心素养似乎到目前为止也没有更好的方式。至于德育与学科的融合，我们通常的做法似乎还停留在利用课本知识的某些细节进行说理化德育这样的形态上。这三者似乎很难以一种协同的方式完成。

这一问题的根源是什么呢？第一，学校德育体系与教学体系各自为政；第二，教育教学的整合性思维缺失。

我尝试以整合性思维来思考这一问题：整合资源，构建良性的学生成长生态，设计实施学科融合性德育实践活动课程。

基于不同的教育资源，下面举两个例子做一阐述。

一、基于当下资源的融合性实践活动

从央视辞职的记者柴静，在 2015 年 2 月 28 日，推出她自费拍摄的雾霾深度调查《穹顶之下》，这也是柴静辞职后的首度公开亮相。

记得这个视频刚刚发布的时候，很多老师鼓励学生看，还会让学生谈自己的感受，写心得体会。我也是这样做的。

我收到的心得体会概括起来无非有两种。第一种："北京的空气好脏啊，那些破坏环境的人好坏啊！"第二种："要做一个从小关注环境污染的人，不乱丢纸屑、不污染环境，为保护地球妈妈，为维护人类生存和发展而努力终生！"

这显然不是我想要看到的"高大上"的答案，这是一种和学生内心世界完全分离的东西。于是，我决定整合和生发更多的活动，提供一个平台，从而真正触及他们的内心。

第一步：看过这个视频，我让孩子们开始搜集环境污染的资料，而不只是空气污染的资料。然后，请同学们提出他们对环境污染最关心的问题。

孩子们搜集到不少资料之后，概括成他们最为关心的话题：水污染、空气污染和垃圾处理问题。

第二步：实地体验和调研。我决定进行全班总动员，先去污水处理厂调查。之后，通过学校领导联系上了本市的污水处理厂。

在一个个臭水池旁，同学们明白了污水处理厂的基本工作流程，明白了这座小小的城市原来有那么多污染水源的地方，更深刻体会到什么是真正的污水。据说某个孩子去了污水处理厂以后，在整整一个月的时间里都不敢喝自来水了，原因是：一想到污水处理厂处理完的水流进河流，最终又会到自来水厂，想想都觉得想吐。

回来之后，孩子们议论纷纷，然后对我说："我们看视频看的是空气污染，您带我们去看了水污染，这不对！"

孩子们建议由我带领一个精干小组去我们益阳市最大，也是湖南省最大的火电厂来一次柴静式的英雄探访，体会一把当暗访记者的感觉。但一位在环保局工作的熟悉情况的家长告诉我："这座火电厂，其废气排放已经严格达标了，很抱歉，你们做不成柴静了。"

孩子们都想去，去是必须云的，哪怕是去看看火电厂的那几个大烟囱到底是冒黑烟的，还是冒白烟的也好。家长提醒我："这样吧，我认识那边的领导，我亲自带你们去，让他们好好介绍一下火电厂废气排放的净化过程，这对于孩子们来说，也是一种难得的经历。"

于是，一个星期天的下午，我带着一个小组的同学在经过三次身份核查之后，头戴安全帽进入了厂房。我这才发现，就算我们想要暗访，估计也就能拍几个烟囱。

我们参观了厂房，孩子们问得最多的问题是："老师，电是怎么产生的？"

我的答案是："等你们学完初中物理，你们就知道了。"

在厂区里转了整整一圈之后，我们来到了最关心的废气处理流程部分。

在工程师的介绍下，孩子们最为关心的两个流程是：脱硫塔和静电除尘仓，前者是让火电厂排放出去的空气不含硫元素，后者针对的就是柴静视频里提到的最多的东西——PM 2.5。工程师是这么说的："别说 PM 2.5，就是 PM 0.25 也逃不掉静电除尘仓。更何况，这些灰尘，我们收集起来一年能卖好几百万呢！"

孩子们又开始问我了："老师，硫是什么，脱硫塔是怎么工作的？静电为什么能除尘呢？"

我的答案是："同学们，学完初中的化学和物理，你们就都明白了。"

参观完毕，我们开始在厂房前的台阶上交流。我简单地讲述了硫是什么，静电又是什么，为什么能除尘，同学们相当感兴趣。

我灵机一动，一个活动生发出来：班级大讲坛。第一次课就请同学来讲火电厂废气排放流程及原理。我说："大伙今天来参观了，可是那么多同学没来，怎么办呢？你们回去讲给他们听，好让他们对我们益阳的空气放心，也让他们学到点东西。"

金逸鸣同学接受了这个任务，我给他配了两位助手，给了他们整整一周的时间准备。在往后的一周里，这几位同学天天查阅资料，主动询问他们尚未接触的学校物理和化学老师，制作 PPT，小组范围内多次试讲、修改。

在第二周的班会课上，53 班第一次班级大讲坛开课了。金讲师准备充分，用塑料尺摩擦吸附小纸片演示了静电吸附灰尘的原理。30 分钟的课堂，孩子们听得比平时上课还要认真。课后，还有不少对物理和化学产生兴趣的同学去查阅资料，找金讲师探讨。

后期，我又邀请物理老师与九年级的化学老师围绕火电厂废气处理流程中的相关物理与化学知识分别上了一堂课，孩子们听得特别认真。

于是这学期里，我们班的物理成绩遥遥领先，九年级的时候，化学成绩也不在话下。

后来，我一直很遗憾，柴静这则视频有着非常宝贵的资源，可惜我只生发了三项班级活动。我原本的计划是还要去一次自来水厂，但受限于时间、联系方式等没有成行。生发多少活动，取决于我们手中掌握了多少资源。

这一系列活动加强了孩子们的环保意识，也在一定程度上培养了孩子们的公民意识和社会责任意识——我达到了教育目的。

但我的想法不仅如此，我还在思考：孩子们从这一系列活动中得到了什么？仅仅是环保意识和社会责任意识吗？

我要说的是：最重要的不是他们学到了什么，而是他们是怎么学到的。

柏拉图说过："教只能给予推动，使学生自己去找到必须认识的东西。"

在这一系列的活动中，孩子们学到了很多物理、化学、环保等方面的知识，锻炼了自己的能力。更重要的是，对于《穹顶之下》这一视频由最初的简单理解，到带给他们强烈刺激的实际水污染体验，唤醒他们对外界一系列事物的关心，生发出对这一视频材料的深度兴趣和更多思考。在这种平等的交流和体验式活动中，他们开始变得关心这个与他们息息相关的世界，变得主动和积极，内心被点亮，有了更多成长和发展的动力。

由于学科知识的整合，学生对相关学科的学习兴趣被激发，推动了相关科目的学习，实现德育与学习的双丰收。

二、基于时间节点的融合性实践课程

2017 年 3 月，我尝试设计和组织了"3·15 国际消费者权益日"学科融合性实践活动。下面以这个案例做一个详细的解读。

（一）课程基本结构

前置活动一：
班主任通过布置德育作业的方式让学生回家收集相关的资料，整理成资料清单。

时间：3 月 10 日。

活动目的：自主精神、学习方法、整合能力等。

活动二：

在星期一的班会课上，以分组整理资料、委派代表发表主题发言的方式举行"3·15 国际消费者权益日"主题班会课。

时间：3 月 13 日。

活动目的：演讲、信息提取、学科能力、德育等。

活动三：

学科融合——

1. 语文老师编撰相关阅读文章；

2. 美术课上的"3·15 国际消费者权益日"海报绘制；

3. 生物老师的"食品安全与身体健康"课；

4. 道德与法治学科的法治和道德教育专题课程等。

时间：3 月 15 日。

活动目的：学科知识、自主学习、健康生活、学习兴趣等。

活动四：

组织学生观看中央电视台的"3·15 消费者权益日"主题晚会。

时间：3 月 15 日。

活动目的：社会参与意识、公民教育等。

活动五：

让学生围绕这一主题进行社会问卷调查，撰写随笔，完成社会调查简报。同时，委派两个在前面活动中表现优秀的小组，到获得"中山市电子商务行业诚信联盟单位"的"安乐窝"家具建材公司，对该公司进行详细的实践体验式调查活动。

时间：3 月 18 日、19 日。

活动目的：综合素养。

（二）实施过程与要点提示

活动一：

发布任务单，本周的德育作业发布如下。

大家知道每年的 3 月 15 日是什么日子吗？

1983 年，国际消费者联盟组织确定每年的 3 月 15 日为"国际消费者权益日"。本期的家校共建作业将围绕这个特殊的日子进行，下一周，我们还将有一系列的活动与课程围绕这个特殊的日子来设计。

本周的家校共建作业是：

1. 与父母一起探讨什么是"国际消费者权益日"。

2. 独立或与父母一起上网搜索如下资料，汇总成一份资料清单（请在家保存电子稿，并打印出来带到学校）。

（1）什么是消费者的"四项权利"？

（2）在中国，每年 3 月 15 日的"国际消费者权益日"会有哪些很有意义的活动或电视节目？

（3）试收集在中国有哪些著名人物与"国际消费者权益日"有密切的联系，请详细了解他们的相关事迹。

（4）试收集在中国有哪些损害消费者权益、因假冒伪劣商品导致的重大事件。

（5）试了解在中国，当我们的消费权益受到损害时，有哪些维护自己权益的途径与方法。

3. 以小组为单位对收集的资料清单进行交流、整理，推荐一名同学自拟主题准备一个主题发言。下周一，我们将举行一次以"国际消费者权益日"为主题的班会课，对每个小组的资料清单和主题发言进行评优：评为一等奖的小组，每位同学可获得 1000 元的理想币奖励；评为二等奖的小组，每位同学将获得 500 理想币的奖励；评为三等奖的小组，每位同学将获得 300 理想币的奖励。

这一活动最重要的目的是构建情境，即通过作业发布的语言引导、家长参与、学生资料收集等方式，在学生的内心构建一个"哦，3·15要来了，3·15是什么？我可以做什么？"的心理情境，哪怕只是让学生对这一问题有个基本了解，也可为接下来的活动扫清心理盲区和知识盲区。同时，这是对学生知识整合、学习方法、自主精神的一次锻炼和提高。

活动二：

在星期一的班会课上，以分组整理资料、委派代表发表主题发言的方式举行"3·15国际消费者权益日"主题班会课。

这一活动的实施是比较简单的。在班会课上，学生的发言体现了我在设计活动时所期望实现的目标：构建心理期待、扫清知识盲区。孩子们的发言和搜集的材料比较好，所呈现出来的相关法律知识、案例等均非常到位。但基于学生的思想层次，也由于我个人在对学生发言的前置活动设计中缺乏对学生发言的思想引领，学生所呈现的发言多以"材料复读"的方式，也就是朗读材料的形式呈现。这对我以后再设计同类型的活动也是一个很好的提醒。

当然，在发言中，也有个别同学意识到了这一点，所以有同学在发言时，抛开了材料，而谈到了知识版权、打击盗版这一话题。脱离了材料，又没有完全离题，所以我们在评优环节将其所在小组评为一等奖。

班会课总结阶段，我尝试将学生的思维引导到社会关注、公民意识这一话题，提醒大家注意消费者权益与每个人息息相关，为后续活动做了铺垫。

值得高兴的是，由于学生材料中涉及了诸如地沟油、三聚氰胺、防腐剂等词汇，对部分学生的课后提问，我做了化学、物理等学科知识兴趣的引导。

活动三：

学科融合——

1. 语文老师编撰相关阅读文章；

2. 美术课上的"3·15国际消费者权益日"海报绘制；

3. 生物老师的"食品安全与身体健康"课；

4.道德与法治学科的法治和道德教育专题课程等。

这一活动的实施需要整合学科资源，团体作战，离不开学科老师的配合，意在营造学习成长生态，形成"在庄稼地里种满庄稼"的局面，用多学科知识填满学生的大脑。

语文老师引用了柴静的一篇文章，让学生阅读，意在引导学生对这一主题的思考；美术老师以绘制海报的方式，让学生在主题化情境中创作；生物老师设计了针对学生身边的食品安全的教育内容；道德与法治老师针对法治教育与"损害消费者权益"这一社会现象，做法治与道德的解剖。

我为何要采用学科融合的方式呢？

全学科德育很多年前就在教学研究中得到重视，但基本的思维依然是：本节课，我们可以对学生进行哪些方面的德育？我的思维有所改变：围绕某个德育主题，每个学科可以做什么？

这两者的思维是完全不一样的，前者为零散性的，各学科在每节课的德育朝向不能整合。我们假设每节课的教学都涉及德育话题，但这种方式无法形成合力。后者的思维在于整合性，围绕主题做德育，各学科服从德育主题，开展学科教学，形成教育生态，自然产生教育合力，同时，学科能力发展也得到提升。

当然，这种做法肯定比常规教学需要付出多一点的努力。

活动四：

组织学生观看中央电视台"3·15消费者权益日"主题晚会。

这个活动实施非常简单，无须多言。需要强调的是：有了前面多个活动的情境铺垫、知识储备、兴趣引导，这一活动的实际效果与简单地让学生看一个晚会有天壤之别。

活动五：

让学生围绕这一主题进行社会问卷调查，完成社会调查简报，撰写随笔。同时，委派两个班级各一个小组来到"安乐窝"家具建材公司，对该公司进行详细的实践体验式调查活动。

这周周末的德育作业如下。

星期三是一年一度的"3·15 国际消费者权益日"。为培养学生的综合能力，提高学生的社会责任意识与公民意识，培养诚信、求真的人生观，理想学堂以"3·15 国际消费者权益日"为主题，组织学生开展了系列融合性德育课程活动。

1. 在上周末，班主任通过布置理想学堂特有的德育作业的方式，让学生回家收集相关资料。

2. 在本周星期一的班会课上，我们进行了主题班会课。

3. 星期三，我们组织学生开展了学科融合课程，包括语文组的阅读材料、美术课的"3·15 国际消费者权益日"海报绘制、生物学科的"食品安全与身体健康"、道德与法治学科的法治与品德教育专题课程等。

4. 星期三晚上，我们组织学生在 8 点钟观看中央电视台财经频道的3·15 晚会。

在以上活动的基础上，本周末，为培养学生的综合能力，我们的家校共建作业为：

完成 5 份"3·15 国际消费者权益日"主题融合课程实践活动社会问卷调查表，写好社会问卷调查简报。请家长们尽量陪伴和鼓励孩子高质量地完成这一任务，尽可能地留下照片作为纪念，并自愿发给班主任。

具体的社会问卷调查表由于篇幅较大，这里不再呈现。主要围绕下面三个部分设计：相关知识、消费维权、寻根究底。

由于学生周末时间有限，年龄还小，能力不够，我没有要求学生写出完整的、专业化的社会调查报告，只设计了一个简单的社会问卷调查简报，具体内容如下。

表 4.21 "3·15 国际消费者权益日"之社会问卷调查简报

项目	感触
第一部分：相关知识。 通过调查，你觉得被调查者对于消费者权益相关知识的了解程度如何？有何建议？	
第二部分：消费维权。 通过调查，你觉得被调查者对于维护自身消费权益的意识如何？是否有改善老百姓对于消费维权意识的方法？	
第三部分：寻根究底。 通过调查，你对于被调查者在消费者权益被侵害后的维权行为有什么评价？	
思维发散：你在本次"3·15 国际消费者权益日"主题融合课程中，学到了哪些知识？对你有什么帮助？	

在社会问卷调查表和社会问卷调查简报的设计中，我有自己的一些思考：意在引导学生走向更深的思考——关于社会道德、关于人性、关于勇气……事实上，在后续的企业社会实践实地考察中，学生对企业主访谈时，已经开始询问和思考这些对七年级学生来说很有深度的问题。这让我感到很欣喜！

在社会实践实地考察活动中，由于场地受限、学生住址距离考察点远近不一，我只能遗憾地带了 10 个同学前往。到达目的地后，我们采取集体讨论准备问题、自主设计个人关注热点、考察过程中自由提问、派代表集中访谈等方式，意在培养学生各方面的能力。

本次学科融合性德育实践活动全程实施效果是非常显著的：丰富了学生的部分学科知识；培养了学生的语言表达、交际交往等综合素养；训练了学生材料收集、知识整理、研究发现等学习方法；提高了学生对社会道德与法治建设的关注等。

要点提示：

1. 学科融合性德育实践活动的基本思路是：选取某一时间性（节日）、社会性（新闻事件）、主题性（专题学习）资源，整合学科资源、社会资源、家长资源乃至学校资源，共同构建一个系统性的学生成长生态，做到主题聚焦、内容聚焦、学生成长聚焦。

2. 基本设计方法为：围绕主题核心，拓展主题可供发掘的德育点，以学科知识、社会实践活动、学校活动呈现德育行为。充分发掘学科、社会、家庭、学校可参与的项目和方式，从而形成课程。做到注重评价、体验、参与、学生学习兴趣的激发。

3. 主要误区为：不注重学生学科能力、综合素养等的培养，而专注于德育的说教。在这类活动中，我希望实现的是学生学科知识和主动学会学习积极状态的提升，德育反而是在活动中实现的副产品。因此，形式化、走过场的活动没有任何意义。

总结与反思

从人的动物属性来讲，孩子的成长自然是离不开他所处的生态环境的。在班主任工作中，我们应该能深刻体会到成长环境对孩子的影响。

让我们从以下两个角度来思考这个问题。

1. 既然良好的成长环境对于孩子的成长来说至关重要，那么作为班主任，我们就不应该完全放弃对家庭教育生态的关注和引导，也不应该全然将社会生态的影响简单地拒之门外。因而，我一直努力以课程为载体，试图构建一个能整合家庭教育生态的力量与社会生态中有益教育资源的教育场，从而更好地营造孩子的成长环境。

2. 生命的成长是需要能量的输入的。正因如此，班主任就不应该只是简单的班级生态的管理者与学生问题的处理者，而应该是成长能量的输入者。班级活动与班级课程就是成长的能量。当然，这种能量不应该是简单的强行灌输，而应该是润物无声的光。光，才是大自然一切能量的来源。

然而，我明白，由于工作环境不同，我的很多操作在部分老师看来是有难度的，比如家长不够配合，学校管理体系不一样。我重申一下：本章的相关课程与活动，仅能给大家提供一个思考的方向，供大家参考。

后 记

至此，我想我基本完整地将班主任工作中的一些思考呈现给了大家：构建一个充满活力的班级生态；把学生置于班级生态的中央；整合学生成长生态中的资源；开展活动与构建课程，为生态成长提供能量。

17年的班主任工作生涯中，我听得最多的是"班级管理"。班主任工作一直强调管理，甚至把班主任简化为班级的管理员，似乎我们与学生总是对立的，我们把班级视作鱼缸，而学生就是一条条调皮的鱼。为了让鱼缸有个鱼缸的样子，我们制定了烦琐的规章制度、评价细则、处罚手段、管理制度、问题应对机制。更有甚者，其班级管理制度堪称一部法典，却忽视了班级是一个生态，哪怕再小，也是一个生态。每一个生命是生态里最重要的组成部分，而管理指向的是构建冰冷的"鱼缸"。

生命之所以称为生命，是因为生命活的生发、生长、生成的状态。给予班级生态本该有的自由生发性，让生态里每一个生命都成为这个生态生成的动力源泉，让整个生态与生命全体（或尽可能多的生命）蓬勃生长，才是班主任这个班级生态内重要生命组成部分的使命与职责。

简言之，管理是死的，人是活的。班主任工作当然不能不谈管理，但不应该唯管理论，而应该尊重生命"活"的状态。我们应该着重于构建一个生机勃勃的班级生态群落；整合学生成长周边的教育资源，维护和优化每一个生命的成长生态环境；给予每一个生命更多的阳光、雨露、营养与历练，让生态里每一个生命具有更多生长的可能性。

本书没有办法回答您"我班上的一个孩子出了××问题，我该怎么办"这类问题，因为我坚持认为，任何一个"问题孩子"，基于生态视角都是无辜的，导致其出现当下问题的原因是多样的：原生家庭、社会因素、学校教育乃至自身的觉察等方面的不良成长生态都对其造成影响。所以，想要在这本书里找到某个问题的绝招、秘诀、兵法的老师，可能会感到失望。

非常感谢阅读此书的老师们，耐心读到现在。

韩寒有一篇著名的抨击中国教育的文章——《穿着棉袄洗澡》，他认为如今教育的问题是去对面澡堂子里洗个澡我们都要穿着棉袄。他说得很对，教育在培养人的时候确实有很多东西是不需要的，但是我想，去对面澡堂子里洗个澡，内裤还是要穿的。如果你觉得不太好意思，还可以稍微多穿一点！"育人"就是那条不能不穿的内裤。

苏霍姆林斯基说："教师的教育劳动的独特之处是，为未来而工作。今天在孩子身上所培养起来的，要在几年之后，甚至是几十年之后才会成为一个成熟人的公民性、道德和精神面貌的因素！"

作为一名普通的一线班主任，我依然在且思且行。

你们的同行者：温剑文

图书在版编目（CIP）数据

构建理想的班级生态 / 温剑文著 . —上海：华东师范大学出版社，2020
ISBN 978 - 7 - 5760 - 0819 - 7

Ⅰ.①构 ... Ⅱ.①温 ... Ⅲ.①中小学—班主任工作 Ⅳ.① G635.16

中国版本图书馆 CIP 数据核字（2020）第 163036 号

大夏书系·全国中小学班主任培训用书

构建理想的班级生态

著　　者	温剑文	
策划编辑	项恩炜　卢风保	
责任编辑	万丽丽	
责任校对	殷艳红　杨　坤	
封面设计	奇文云海·设计顾问	

出版发行　华东师范大学出版社
社　　址　上海市中山北路 3663 号　邮编　200062
网　　址　www.ecnupress.com.cn
电　　话　021 - 60821666　行政传真　021 - 62572105
客服电话　021 - 62865537
邮购电话　021 - 62869887　地址　上海市中山北路 3663 号华东师范大学校内先锋路口
网　　店　http://hdsdcbs.tmall.com

印 刷 者　北京密兴印刷有限公司
开　　本　700×1000　16 开
插　　页　1
印　　张　14.5
字　　数　208 千字
版　　次　2020 年 9 月第一版
印　　次　2024 年 2 月第四次
印　　数　11 101–12 100
书　　号　ISBN 978 - 7 - 5760 - 0819 - 7
定　　价　45.00 元

出 版 人　王　焰

（如发现本版图书有印订质量问题，请寄回本社市场部调换或电话 021–62865537 联系）